Dedicato alla mia famiglia,
ai miei amici più cari, alle
donne più importanti della
mia vita e a qualche persona
speciale incontrata per caso.
A tutti quelli che mi hanno
insegnato, in un modo o
nell'altro, a guardare il
mondo.

Federico

UN ANNO PIÙ LENTO DEGLI ALTRI

Se scrivi, viaggi meglio.

Federico Barbieri

Titolo | Un anno più lento degli altri
Autore | Federico Barbieri
ISBN | 978-88-31601-92-4

Youcanprint
Via Marco Biagi 6 - 73100 Lecce
www.youcanprint.it
info@youcanprint.it

SOMMARIO

Introduzione   Pag. 7

India. In treno   Pag. 9

Camino de Santiago. Pellegrinaggio   Pag. 93

Groenlandia. In barca a vela   Pag. 123

Marocco. In moto   Pag. 147

Azzorre. In bicicletta   Pag. 199

Altri racconti   Pag. 235

INTRODUZIONE

Il padre chiama suo figlio di 5 anni: «Dai buttiamoci dalle rocce!». Le rocce di Cabo Polonio in Uruguay non sono alte, ma è pur sempre oceano. Il mare era mosso, cioè, l'oceano era mosso, che è diverso. Dopo il salto, padre e figlio raggiungono la spiaggia con qualche affanno e trovano ad aspettarli un bagnino, il *salvavidas* come si chiama laggiù in quelle spiagge deserte lontane dalla Romagna. Braccia conserte, sguardo serio, si rivolge al padre con queste parole: «Era necessario?». Lui si sente un po' incosciente, in effetti poteva andar peggio.

Quante volte temiamo di saltare perché potrebbe andar peggio. Quante volte restiamo attaccati a qualcosa che sembra sicuro, familiare e ci dimentichiamo di vivere l'unica vita che abbiamo. Sì potrebbe andar peggio, ma non è detto. L'unica cosa certa è che il giorno in cui ci staccano la spina dovremmo poterci guardare alle spalle e sorridere pensando: «È stato un bel viaggio, ho fatto tanti bei salti nel vuoto, ho vissuto tutto quello che la vita mi ha offerto per caso o per fortuna».

Il prossimo anno ne compio cinquanta. Ora sono a Parigi, una città da favola, di quelle che non smettono mai di sorprenderti, anche se ci passi tutta la vita. Il lavoro non mi dà soddisfazione, molta politica e pochi fatti. O forse sono io che ho perso la determinazione che serve. La vita nelle grandi corporation è quella, dovrei averlo imparato dopo tutti questi anni. Ma oggi la sensazione di perdere tempo è pesante.

A dicembre negozio la mia uscita dal gruppo, il prossimo anno lo dedico a me stesso. Voglio viverlo lentamente, viaggiando piano, prestando attenzione a quello che mi circonda, riflettendo sul passato e sul futuro senza uno scopo preciso. E voglio scrivere! Perché per scrivere, devi osservare, ascoltare, pensare e ripensare. Scrivere ti costringe a scavare dietro la facciata delle cose, a cercare il succo della tua storia. Scrivere ti porta a farti domande senza accontentarsi mai della prima risposta, quella semplice e banale. Scrivere stimola l'immaginazione e lo spirito critico. Non importa se quello che scrivi è bello o brutto. Scrivi prima di tutto per te stesso.

Era necessario? Vedremo alla fine. Ma secondo me sì, comunque vada.

INDIA

L'India in treno

La Scienza della Vita
Kovalam, Kerala

'Ayur' vita, 'Veda' scienza, la 'Scienza della Vita'. Dovremmo chiamare così tutto quello che facciamo, non solo l'equilibrio tra Vatha, Pitha e Kafha, i principi base della medicina Ayurvedica che regolano il nostro benessere fisico e mentale. Dovremmo chiamare Scienza della Vita la scuola, l'educazione che riceviamo dai genitori, il modo in cui progettiamo e costruiamo i luoghi in cui viviamo, le città. Le maestre elementari sarebbero scienziati, la mamma e il papà sarebbero scienziati, gli architetti sarebbero scienziati. I politici dei guru e non ci sarebbe bisogno di poliziotti, avvocati e psicologi. L'armonia regnerebbe sovrana.

Invece la nostra società produce individui che crescendo ingrassano e si stressano, poi vengono qui in India a farsi spiegare come vivere in pace con il proprio corpo e la propria mente. La follia non finisce qui: molti di loro qui in India vorrebbero vivere come noi!

Le nuvole nere che facevano capolino dietro le colline sono arrivate sulla costa, la pioggia non si fa attendere. L'acqua cade fitta e potente. Il suo rumore è quasi assordante, ma non riesce a coprire i canti che si levano dalle chiese cattoliche all'aperto tra la vegetazione a ridosso della spiaggia. È domenica sera.

Mi riparo sotto una tettoia di foglie intrecciate su un promontorio che sovrasta il palmeto lungo la costa. Il vento sposta la direzione dell'acqua che cade cambiando il volume dei canti che si levano dalle chiese nascoste tra gli alberi: adesso sento bene le voci del coro da destra; una raffica di vento ed ecco arrivare chiari i canti di quello di sinistra. Un'orchestra diretta dalla natura.

Dal muro d'acqua appare all'improvviso un ragazzo alto, scurissimo, magro e bagnato fradicio. Mi sorride, dolce e mite come fanno sempre (sospetto solo con noi stranieri). Si chiama Prince e ha una *Royal Enfield* con cui è andato in Nepal. *Chapeaux!* Mi spiega che le luci che vedo allineate nel mare sono i pescatori del villaggio sottostante che stanno posando le reti: sono enormi e per buttarle serve molta coordinazione tra le barche; raccoglieranno i frutti del loro lavoro soltanto domattina.

La mattina dopo mi sveglio presto per andare in spiaggia. Passo di fianco a un campetto da calcio dove dei bambini mezzi nudi sono impegnati in una partita prima di andare a scuola. Una mucca passeggia placida in mezzo a loro muggendo quando i bimbetti le sfrecciano accanto. Strano destino: se sei una mucca e nasci in Italia, passi facilmente tutta la vita al chiuso, ingrassi e da grande farai la bistecca; se nasci in India, passi la vita all'aperto, mangi quel che ti pare e da grande farai l'arbitro.

Arrivo sul bagnasciuga. L'intero villaggio è già al lavoro. Divisi in due gruppi, decine di uomini tirano le cime alle due estremità della rete che ancora si stende in mare per centinaia di metri. Sembra che giochino al tiro alla fune con Nettuno. Dietro la fila di uomini che tirano la fune, sono seduti i vecchi che la avvolgono man mano che viene recuperata. Le donne, poco più indietro, preparano i recipienti che accoglieranno i pesci. L'abbigliamento degli uomini è vario e piuttosto sgualcito, dal semplice *dothi*, a pantaloni e camicia. Alcuni indossano un turbante improvvisato. Il sudore sulla loro pelle scurissima brilla sotto la luce del sole, sono le sette e fa già molto caldo. Le donne sedute all'ombra delle barche già in secca indossano tutte il *sari*, dai colori e dalle fantasie più disparate. È straordinario come riesca a fasciare il corpo senza mostrarne le forme ma allo stesso tempo donando loro un'immagine così femminile, semplice ed elegante. L'azione degli uomini entra nel vivo. I bimbetti hanno abbandonato la loro partita per venire a dare man forte. Alcuni uomini si buttano in mare per tenere la rete aperta fino all'ultimo. Comincio a vedere i pesci che saltano istericamente fuori dall'acqua, la trappola si sta chiudendo. Mi accorgo di un uomo accovacciato a terra a pochi metri da me: stava restituendo a madre natura i frutti del lavoro notturno del suo intestino. Beh, in fondo noi concimiamo i campi, loro vivendo di pesca avranno pensato che fosse utile concimare il mare. La scienza della vita ha mille risvolti. Mi guarda con il solito mite e gentile sorriso ed esclama qualcosa in una lingua incomprensibile. Distolgo lo sguardo e gli restituisco la sua pubblica intimità.

Il tassista che mi porta in stazione cerca di spiegarmi come si lega il *dothi* mentre guida, telefona, sorpassa e ignora tre semafori rossi. Se a Napoli il semaforo rosso è un suggerimento, qui deve essere una semplice decorazione. Anche lui è uno scienziato, ma di un altro tipo.

La Lagarde e la terza classe
Da Thiruvananthapuram a Chempu, Kerala

Il *Bangalore Express* è previsto con venti minuti di ritardo. I treni in India accumulano più o meno mezz'ora di ritardo ogni cento chilometri. Questo parte bene, visto che mi trovo nella prima stazione del suo viaggio verso nord. La sala d'attesa è all'aperto, tra le colonne della piattaforma del binario numero 1. Una decina di file di sedie unite tra loro, fissate a terra perciò perfettamente allineate, tutte rivolte nella stessa direzione, su cui gli indiani siedono composti e silenziosi. Sembrano i passeggeri di un pullman che all'improvviso ha perso il tetto e le ruote e loro se ne stanno lì pacifici ad aspettare che qualcuno venga a dirgli cosa fare.

Trovo posto solo in terza classe, carrozza B1, posto 20. Salgo come uno che entra in una grotta di cui non vede il fondo. Mi sento un po' ridicolo: possibile che mi abbiano suggestionato così tanto i racconti sui famigerati treni indiani? Il treno è sì sporco e affollato ma in fondo in Albania e in Libia ai bei tempi ho visto di peggio… Sto invecchiando. Il treno comincia a muoversi, si parte.

Il *Times of India* presenta in prima pagina un'intervista esclusiva a Christine Lagarde, il gran capo del Fondo Monetario Internazionale in visita ufficiale nel paese. Mi guardo intorno per studiare le facce dei miei compagni di viaggio. Credo che l'unico argomento più lontano di questo dalla realtà che mi circonda sia il progetto di Richard Branson di portare qualche ricco annoiato a fare un giro nello spazio. Il ragionamento che la Lagarde espone però si fa interessante. Sostiene che le crescite forsennate del passato non sono solo irripetibili, ma anche dannose perché hanno aumentato il divario tra ricchi e poveri (ma va?!). Una economia sana invece è caratterizzata da una crescita moderata ma duratura, sostenuta da una società in cui la differenza di reddito tra le varie fasce sia minima. Perciò il fondo promuove tutte le iniziative possibili per supportare i governi che attuano riforme in tal senso. Stabilità e sicurezza sociale, non più ossessione per la crescita e speculazioni! Adesso mi alzo, improvviso un comizio e lo spiego a tutto il vagone: «Presto sarete ricchi!». Poi rifletto meglio: sì il ragionamento fila, ma se la torta cresce poco, faccio fatica a immaginare i ricchi che diventano più poveri per fare 'arricchire' quelli dei piani di sotto. Mi rialzo: «Fermi tutti, ci vorrà tempo!». Sempre che facciano quello che dicono… che non succede mai! Forse il sorriso dolce degli indiani nasconde una sorta di mite rassegnazione.

Il passeggero al mio fianco si sveglia dal suo sonnellino. Si stiracchia a destra e sinistra con gesti un po' intontiti. Si gira verso di me e quando nota il titolo del mio libro, strabuzza gli occhi ed esclama: «Sei italiano?». Padre Julian è un sacerdote cattolico del Kerala, insegna teologia morale ai giovani seminaristi indiani. Ha studiato a Roma all'Università Vaticana grazie a una borsa di studio e parla un italiano perfettamente buffo mescolando piccoli errori di grammatica alla cadenza della sua lingua. È una persona adorabile, con lo sguardo vispo e i modi gentili. Parliamo dell'Italia, di religione, dei contrasti sociali, della Lagarde e dei problemi dell'India. Ogni tanto si informa dagli altri passeggeri sul nome della stazione che abbiamo appena passato e mi aggiorna: vuole rassicurarmi, teme che possa perdere la mia fermata. Il tempo vola. Julian mi confessa che pur essendo ovviamente un convinto cattolico, ammira la religione Hindu. Loro hanno un rispetto e una tolleranza nei confronti delle altre religioni che noi non abbiamo. Pensa, aggiunge, che hanno anche dato il nome Hindu a Gesù Cristo. Me lo dice: «Il suono assomiglia a Buddha, ma è diverso come si scrive». Me lo appunta sul libro: la sua calligrafia ha un che di gotico infantile.

Il treno entra nella periferia di Kottayam. Ci sono cumuli di rifiuti di plastica dappertutto. «Il mondo sarebbe più pulito se non avessimo inventato la plastica», dico pensando ad alta voce. Julian annuisce. Poi tra me e me: «Sarebbe più pulito? …sì!; sarebbe migliore? …può darsi; sarebbe peggiore? …non credo proprio!». Saluto Julian con un abbraccio e uno spontaneo «Che il Signore sia con te». Se avessi saputo come dirlo in Hindi l'avrei fatto, sono sicuro che Julian avrebbe sorriso. Gli regalo *Gli odori dell'India* di Pasolini, il libro che avevo appena finito di leggere.

Mi fermo sotto la pensilina ad aspettare che la folla appena scesa dal treno si disperda. Sento una leggera brezza sulla pelle, alzo lo sguardo e noto una ventola che con il suo moto lento e rassegnato cerca di sconfiggere il caldo sapendo di non potercela fare, è un'impresa troppo grande.

Anche le ventole qui sono gentili e rassegnate. Abbandono la ventola al suo destino e vado a cercare il modo di arrivare a Chempu.

La pietra paziente
Fort Cochin, Kerala

Sir John Aspinwall arrivò a Cochin nel 1800 per importare olio di cocco, legno e spezie varie per conto della *Compagnia delle Indie*. Costruì la sede per condurre i suoi affari sulla riva del mare interno, tra l'isola di Cochin e la terraferma. La struttura contava, oltre ovviamente ai magazzini per stoccare le merci, uffici e bungalow residenziali. Oggi l'*Aspinwall House* ospita la Biennale d'Arte Moderna di Cochin. Vado!

La mostra si snoda lungo tutti gli edifici del complesso, decadente e affascinate. La mostra è piacevole e alcuni pezzi davvero notevoli, per quel che può contare il mio parere. Nel tendone che hanno eretto al centro del cortile è in corso una conferenza di Raghu Rai, il primo fotografo indiano accettato nelle file dell'agenzia *Magnum*. Quando varco la soglia sta mostrando con visibile orgoglio la foto che Cartier-Bresson in persona aveva scelto per una mostra collettiva della famosa agenzia da lui fondata. Inizio un viaggio in bianco e nero e poi a colori nell'India degli ultimi cinquant'anni. Meraviglioso!

Il pubblico è molto giovane, tutti indiani a parte qualche europeo isolato. Molti gli fanno domande su come è cambiato il suo lavoro con l'avvento del digitale. Lui sorride paziente, deve aver ricevuto quelle domande centinaia di volte. «Adesso è molto più facile» risponde un po' enigmatico. Il pubblico insiste sul punto e allora lui replica perentorio: «Ascoltate: il digitale è solo una tecnologia più moderna rispetto a quella precedente, perciò ti rende la vita più semplice per certi aspetti e ti offre più opzioni per altri. Ma la fotografia non è la tecnologia! Il mio lavoro è sempre quello! La capacità di vedere il soggetto, di saperlo inquadrare, di andargli abbastanza vicino da stabilire un contatto energetico, ma non troppo per non rovinarlo. E nella capacità di saper aspettare. Il mondo non è la fuori a vostra disposizione pronto a dare il meglio di sé quando passate voi, è il contrario!». Sacrosante parole! Chissà se era più facile capirlo ai tempi delle pellicole quando avevi solo 24 o 36 scatti a disposizione, eri costretto a sceglierli con cura e non sapevi mai come erano venuti fino allo sviluppo della pellicola.

Raghu Rai esce dalla tenda seguito da una piccola corte mentre il resto del pubblico inizia a disperdersi quando un ragazzo dell'organizzazione sale sul palco e annuncia la proiezione di un film afghano, *The patient stone*. Sta imbrunendo e le zanzare mi hanno già scoperto: adorano il mio sangue! Decido comunque di rimanere.

Il film narra la storia di una donna in una città di confine in Afghanistan il cui marito, ferito da un proiettile al collo, ha perso completamente conoscenza, non parla, non si muove. La città è al centro degli scontri tra fazioni nemiche. La donna, madre di due bimbe piccole, fa di tutto per proteggere la sua famiglia. Durante le sparatorie nasconde le bambine in cantina con i vicini e torna ad assistere il marito, un corpo inerte disteso su dei cuscini disposti a terra lungo il muro dello spoglio soggiorno malamente illuminato da quel poco di luce che passa dai frammenti di vetro rimasti alle finestre, il resto è coperto da teli e cartoni. L'uomo è alimentato da una soluzione di zuccheri tramite un sottile cannello infilato in gola, ha gli occhi aperti ma l'espressione assente, lontana, fredda. I combattimenti si fanno più intensi, la donna decide di portare le bimbe dalla zia che vive dall'altra parte della città e abbandonare il marito al suo destino, così come ha fatto la famiglia di lui, dice tra sé e sé per giustificarsi. La zia è una donna di mondo, è l'unica persona che le è rimasta. Si avverte subito che le due donne sono molto legate.

Non passa molto tempo che il peso dei rimorsi spinge la donna a tornare dal suo uomo nonostante non sia prudente attraversare la città di sera. Lascia le bambine dalla zia ed esce. In quella stanza vuota, in quel luogo silenzioso e desolato, la donna si ritrova a parlare da sola, a confessare ad alta voce la sua disperazione che a tratti sfocia nella rabbia: «Perché non muori, maledetto!». Ma i suoi sentimenti sono più complessi... Dopo lo sfogo, il suo monologo diventa più intimo e affettuoso, rimpiange l'affetto che lui non è mai stato capace di darle ma ripete a se stessa che quando si riprenderà sarà diverso, sogna un tenero abbraccio, un bacio appassionato. Commossa si abbassa per toccare le labbra dell'uomo con le sue. È il loro primo bacio.

Si rialza e rimane assorta per alcuni minuti poi la zia esclama con una smorfia di disillusione che gli uomini che non sanno amare fanno la guerra, (il marito era un eroe di guerra per la sua fazione). Lo guarda e lo lascia per andare dalle figlie. Racconta dei suoi monologhi alla zia, le dice quanto sia sorpresa dal suo comportamento: «Non ero mai riuscita a parlare così con lui, non ne avevo mai avuto il coraggio». La zia le risponde raccontandole la leggenda della pietra paziente: «È una roccia speciale ma difficile da riconoscere. Capita che alcune persone la incontrino nella loro vita, la riconoscono perché sentono che è giunto il momento. Si siedono accanto alla pietra e raccontano la loro vita, descrivono il peso che portano nel profondo dell'anima, parlano come non hanno mai parlato a nessuno. La pietra, paziente, ascolta. Quando la persona affronta il peso più grosso, il segreto più intimo che ha segnato lo loro esistenza fino ad allora, la pietra assorbe tutto fino all'ultima parola ed esplode in minuscoli frammenti. La persona si alza e riprende il suo cammino serena e fiduciosa. Quella è la pietra paziente, *the patient stone*». La zia non aggiunge altro.

La donna torna dal marito. Il fronte è sempre più vicino, il silenzio delle prime scene è ora sempre più spesso interrotto da spari ed esplosioni. Così come l'atmosfera attorno a lei, anche il suo monologo diventa più appassionato e violento. Sfoga il suo dolore per non aver mai ricevuto un segno d'affetto da parte sua, per il matrimonio organizzato da sua madre a cui lui non si presentò. Era in guerra, le dissero, e si sposò con una sua fotografia. La prima notte fu fisica, violenta, breve, senza un bacio, una carezza, uno sguardo, con il sangue delle mestruazioni tenuto da parte per sicurezza, nel caso non avesse sanguinato e lui avesse sospettato della sua verginità, un prezioso suggerimento della zia. Lo percuote urlando: « Mi senti? ...mi senti? Dimmi che mi senti!» ...Niente. «Meglio, mi uccideresti se mi sentissi parlare così», si dice sconsolata.

Alcuni guerriglieri fanno irruzione nella casa. Lei riesce a fatica a nascondere il corpo dietro una tenda. Quando la trovano, è seduta a terra, sudata e terrorizzata. Teme la morte come la desidera, porrebbe fine alla sua agonia. Quando le domandano cosa fai qui, lei calma risponde: «Vendo il mio corpo». La zia le aveva detto: «Se cadi nelle mani di quei bastardi, dì così, loro non violenteranno mai una donna impura». Infatti se ne vanno coprendola di insulti. Torna il silenzio. Scosta la tenda: lui è sempre lì, immobile, incosciente, senza espressione, con gli occhi aperti. Guardando nel vuoto, esclama: «Tanto se non mi uccidono loro, mi ucciderai tu quando ti svegli con tutto quel che hai sentito. Lo sapevi, aggiunge, delle pressioni che tua madre mi faceva perché rimanessi incinta? Certo che lo sapevi, tua madre voleva che ti cercassi un'altra moglie perché diceva che io non ti avrei mai dato dei figli. Lo sapevi che i tuoi fratelli mi spiavano quando mi lavavo per masturbarsi? Se tu avessi trovato un'altra moglie, mi avrebbero passato a loro. Che bella famiglia avevi! Tanto premurosi con te che sono stati i primi ad abbandonarti quando ti hanno ferito. E vuoi sapere la cosa più buffa? Quella che non poteva avere figli non ero io, eri tu! Quando ne ho avuto conferma, ho confessato il mio terrore alla zia! Non accetteranno mai questa verità e accuseranno me! E la zia come al solito aveva la soluzione. Si hai capito, le bambine non sono tue, nessuna delle due. Non so chi siano i padri, credo siano due uomini diversi. Non li ho visti e loro non hanno visto me. È successo entrambe le volte in una stanza buia, eravamo incappucciati. Non avrei mai avuto il coraggio di dirtelo. La mia condanna era di convivere con questo peso tutta la vita pur di salvarmi».

All'improvviso il volto di lui si muove, le palpebre sbattono un paio di volte, la sua mano si muove verso di lei. Quando lei la sente, si volta e esclama con gioia: «Sei vivo! Ti sei svegliato». La sua faccia è contorta come se lanciasse un urlo straziante, ma non esce un suono. L'uomo si gira su un fianco e mentre lei cerca di abbracciarlo, la sua mano raggiunge la sua gola e comincia a stringere. Allora lei capisce: aveva sentito tutto! La morsa si fa sempre più stretta, la donna comincia ad ansimare. Si divincola ma non ha abbastanza forza. Quando si ricorda di aver nascosto un coltello sotto i cuscini all'arrivo dei guerriglieri. Lo afferra e colpisce a morte il marito. La pietra paziente ha ascoltato tutto ed è finalmente esplosa. La donna ora è libera di vivere la sua vita.

Rimango seduto ancora alcuni minuti scosso dall'emozione. Scorrono i titoli di coda. Fine.

Interrompo il banchetto delle zanzare e m'incammino lungo la riva del mare verso il centro nella speranza di incrociare un *rikshaw* che mi porti in albergo.

Le due sorelle e il venditore di libri
Da Ernakulam a Coimbatore, Kerala

I treni delle classi inferiori non hanno i vetri ai finestrini, hanno le sbarre. Quando il mio treno si è avvicinato alla piattaforma e ho individuato il mio vagone, i finestrini erano chiusi da saracinesche di ferro con fessure orizzontali, che sembravano le persiane di una prigione. I passeggeri salgono e le aprono tutte per far girare l'aria. Ora va meglio. Il mio posto è di fianco al finestrino, la mia saracinesca funziona, quella del posto di fronte no. Il soffitto dei vagoni senza aria condizionata è letteralmente coperto di ventilatori, ce n'è uno per passeggero. Sono ancora tutti spenti, il caldo e gli odori sono pesanti. Il treno finalmente si muove, i ventilatori si accendono e partiamo sbuffando e ronzando come un enorme calabrone arrugginito e stanco.

Sono assorto nella lettura di un libro di Rabindranath Tagore, poeta e scrittore indiano vissuto a cavallo tra '800 e '900. Lui diede il nome Mahatma, grande anima, a Gandhi. Il libro s'intitola *Vagabondo*, una serie di storie lungo nei villaggi lungo le rive del Gange bengalese. Ogni tanto alzo gli occhi per osservare il paesaggio assolato e arido del parco nazionale che stiamo attraversando, o per seguire le vicende della famiglia che occupa le panche avanti a destra rispetto a me. Il viaggio prosegue lento e tranquillo, silenzio assoluto fuori, caldo ronzante dentro.

Il treno si ferma a una piccola stazione di cui non faccio in tempo a leggere il nome. Tra le fessure della saracinesca bloccata del sedile di fronte intravedo parti del corpo di due donne che cercano di salire sul treno. Vedo i piedi scalzi, un *sari* giallo ocra, uno rosa scuro, una testa di capelli bianchi raccolti in una coda sulla nuca, una testa di capelli arruffati e grigi. Dai loro movimenti lenti e impacciati e dalla pelle dei piedi mi sembrano persone anziane. Sto per alzarmi per andare ad aiutarle quando spariscono alla mia vista, devono essere riuscite a salire. Aspetto di vederle apparire dietro lo schienale della panca di fronte a me. Sento i loro passi striscianti e il battere ritmico di un bastone. Appare il braccio che regge il bastone, la testa bianca, il *sari* giallo, la mano della donna che segue appoggiata sulla spalla della sua guida, poi la testa grigia e il *sari* rosa. Mi preparo a salutarle con un sorriso quando mi sbattono in faccia tutta la loro tragedia. La povertà, questa povertà, è spaventosa. La prima donna mi nota, deve vederci appena. Indossa occhiali così spessi che gli occhi si perdono in una nebbia grigia come fossero finestre sull'aldilà. La sua bocca si apre ma non esce un suono. Sono paralizzato ma allo stesso tempo sento la mente registrare un'enorme quantità di dettagli in pochi secondi quando in condizioni normali richiederebbe minuti. La pelle del volto è scurissima, quasi nera, solcata ovunque da rughe profonde, la bocca è piccola, i capelli raccolti con la riga al centro coperti di polvere, il *sari* sporco, macchiato, bucato e strappato, le mani rattrappite, incapaci di muoversi, i piedi sembrano moncherini di legno, piccoli e tozzi, le dita senza unghie. L'altra donna è un po' più alta, da dietro ondeggia senza scopo la testa, come per cercare di capire dove si trova, che cosa sta succedendo. È cieca. Sono così bloccato che non riesco a rendermi conto se la prima donna mi sta dicendo qualcosa. Fisso la sua piccola bocca senza denti, aperta come in un lungo grido silenzioso e non sento niente. Se la guardo negli occhi sprofondo nell'angoscia. Non sono neanche sicuro che lei riesca a vedermi.

Come un automa mi frugo le tasche alla ricerca di tutte le banconote che trovo e gliele metto nelle mani stringendole tra le mie per essere sicuro che non le cadano e per trasmettere quel poco di calore umano che riesco a darle. Poi lei avvicina le mani al volto e quando individua il contenuto le esplode un sorriso in volto, pieno e luminoso. Finalmente vedo il riflesso degli occhi attraverso le lenti. Lei si gira e si rivolge all'amica in un linguaggio di gesti e suoni impercettibili che solo loro capiscono. L'altra donna, ricevuta la buona notizia, sorride nell'aria in tutte le direzioni alla ricerca dell'insperato benefattore. Sono belle adesso, anche se non riesco a sorridere con loro, so che la mia elemosina risolve poco. Le osservo allontanarsi tra gli altri passeggeri che le scacciano quasi con disprezzo. È pazzesco notare quanto la gente si sia assuefatta a questa povertà estrema e come riesca a ignorarla con tanto cinismo. Continuo a vederle belle. Nonostante il passo incerto e lo sporco, le trovo tenere, eleganti, i capelli curati per quel che possono, il colore dei *sari* stupendo, soprattutto in contrasto con la pelle scurissima. Mi piace pensare che siano sorelle, che si aiuteranno a vicenda fino alla fine. Sarebbe bello se fossero due allegre ziette in salute, raffinate e allegre, spiritose con i nipoti e ironiche e taglienti con gli adulti. Le zie che tutti vorremmo avere.

Non riesco più a leggere. Continuo a fissare il vuoto fuori dal finestrino, sconsolato e con un groppo allo stomaco. Uno dei ragazzi che distribuisce cibo sul treno tenta ogni volta che passa di offrirmi i suoi prodotti esclamando: «Lunch! Lunch!», con un gioioso sorriso. Scuoto la testa e sorrido per ringraziare. Lui capisce nonostante il mio segnale con la testa, dondolata a destra e sinistra con sorriso, che voglia dire sì. Non demorde e dopo pochi minuti torna alla carica: «Lunch! Lunch!», e al mio ennesimo «No, grazie» sembra voglia dirmi con gli occhi: «Devi mangiare ragazzo mio, non puoi buttarti giù così».

Il tempo passa senza che me ne renda conto. Mi alzo e faccio due passi per il vagone per sgranchirmi le gambe e provare a allentare la morsa sul cervello.

Incrocio un ragazzo, sembra uno studente che avanza con fatica portando una pila di libri tra le mani e il mento. Saranno cinquanta! Sono tutti ordinati in modo che i passeggeri possano leggere il titolo sulla costa. Quando lo incrocio, mi faccio da parte per facilitargli il compito e proseguo nella mia breve passeggiata. Il venditore di libri sul treno, che bella idea! Mi giro per osservare come gli vanno gli affari. Arriva fino in fondo al vagone senza concluderne uno.

Si ferma e si siede, aspettando forse la prossima stazione per provare la fortuna su un altro treno. Lo raggiungo e chiedo di poter guardare. Lui dondola la testa sorridente e li alza verso di me. Ha anche alcuni libri in Inglese. Compro *The english teacher* di R. K. Narayan sperando di trovare una dedica nella copertina interna: alle mie care zie.

A passeggio per Mettupalayam
Mettupalayam, Tamil Nadu

La stazione di Mettupalayam non è importante, ha solo due binari. È tranquilla, quasi fuori città, ci arrivi da una strada sterrata dall'altro lato dei binari. Per raggiungerla devi attraversarli, come se il collegamento con la città non fosse stato necessario quando l'hanno costruita. I treni arrivano di rado, gli altoparlanti tacciono perché non ci sono. Non servono. E non si vedono neanche i soliti cartelloni pubblicitari. Forse perché sono troppo poche le potenziali vittime delle loro lusinghe. Sembra insomma una stazione di una volta. Da qui parte il *Nilgiri Mountain Railway*, un vecchio

treno a vapore e trasmissione a cremagliera che si arrampica
sulle montagne fino a Udagamandalam. Per fare cinquanta
chilometri ci mette quattro ore e mezza e trasporta solo trenta
persone, è sopravvissuto solo grazie all'Unesco. La
popolazione locale lo considera inutile.

Il capo stazione è vestito tutto di bianco, come un
primario. Non sembra una divisa, ma da come si atteggia, si
capisce che è lui il custode di questo tempio. Appena mi nota,
interrompe la sua telefonata e si avvicina cortese ma non
sorridente. Deve essere mussulmano, ho pensato cinicamente.
Gli chiedo del *Nilgiri Mountain Railway* e lui mi accompagna
dietro la stazione per mostrarmi un binario strano, nascosto,
più stretto degli altri e con la cremagliera in mezzo. Il retro
della stazione non sembra la parte posteriore. Forse questa
era il fronte della stazione quando fu costruita, quando
serviva solo il binario strano, penso. Perciò la strada è
dall'altra parte. Guardandola sembra proprio simmetrica, le
due facciate sono identiche. Come se avessero saputo fin da
subito che il binario strano non aveva futuro, il futuro era
dall'altro lato. Comunque così è oggi: simmetrica e circondata
da binari, due normali da una parte, uno strano dall'altra. Il
sacerdote del tempio simmetrico col binario strano m'informa
che il treno parte alle sette e dieci di mattina e di presentarmi
alle cinque per comprare il biglietto: «Ci sono solo trenta
posti a bordo», avverte. Il primo pensiero è stato quello di
passare lì la notte, come se ambissi a un biglietto della finale
di Wimbledon. Poi mi volto e vado a cercare un albergo in
città.

Lascio la valigia a un improbabile International Business
Lodge, il primo albergo che trovo dopo l'incrocio che porta
alla stazione. Mi danno la camera migliore, quella con l'aria

condizionata. L'uomo che mi accompagna in camera sorride di continuo anche se a prima vista sembra una smorfia: è completamente senza denti. Ma gli occhi non tradiscono, sorride proprio. Deve essere Hindu, penso applicando il mio modello semplificato sulle differenze tra religioni: sorride Hindu, non sorride Altri. Il mio accompagnatore che sorride con gli occhi, ma non con i denti, mi mostra come accendere il gioiello della casa: l'aria condizionata! Una grossa leva attaccata al muro, ma distante dal condizionatore, è il segreto di tutto. Sembra la leva per accendere il generatore di una portaerei. Invece, quando la abbassi, l'aggeggio attaccato al soffitto vibra ma non decolla, emette solo un flebile soffio leggermente fresco. Occorre una pelle molto sensibile per apprezzarlo. Ringrazio il mio uomo ed esco.

Il lodge è sulla strada principale che attraversa il paese. Mi dirigo a destra a vedere cosa c'è. Il traffico è continuo, veicoli di tutti i tipi. I colpi di clacson si succedono senza tregua per dire: «Sono qui! Sono qui! Mi hai visto?». Solo la povera mucca che cerca di attraversare la strada non sa che suoni usare per farsi rispettare. I 'sono qui! sono qui!' non vogliono solo richiamare l'attenzione degli altri, ma anche pretendere strada. Anche se stai camminando su quello che pensi sia un marciapiede, quindi un posto sicuro per te pedone senza clacson, non vuol dire che uno dei 'sono qui! sono qui!' che senti non sia rivolto a te! Qualcuno potrebbe tranquillamente salire sul marciapiede per superare dove può o per aggirare la macchina, l'autobus, la moto, la bicicletta, la mucca, l'elefante che gli blocca la strada. Anni fa a Bangalore un indiano mi spiegò con una certa ironia: «We don't drive on the left side of the road, we drive on what's left of the road!». La passeggiata non sarà rilassante, temo.

Faccio fatica a capire cosa vendono certi negozi. Scavalco pile di noci di cocco e banane esposte a terra. Vedo una farmacia: mi metto in fila dietro un gruppetto di donne tutte prese a confabulare con uno scalzo farmacista. Mi fermo a rispettosa distanza circa un metro dietro di loro. Ai nuovi clienti non sfiora minimamente l'idea che io sia lì impalato ad aspettare il mio turno e si infilano tra me e le donne accalcate al banco. Per essere la patria dell'ayurveda e dello yoga, questo paese è un po' faticoso nelle cose pratiche di tutti i giorni, penso tra me e me. Il farmacista, immagino mosso da compassione per la mia figura da imbranato, mi viene in soccorso e mi chiede cosa desidero ignorando i nuovi arrivati. Ero venuto per acquistare del disinfettante per le mani, ma le mie spiegazioni non hanno successo e me ne vado con della tintura di iodio. Proseguiamo.

L'India non dà mai l'idea di un paese ricco, tutt'altro, ma le gioiellerie abbondano, dappertutto, anche qui a Metuppalayam in mezzo alle montagne. In un paese dove la maggior parte della popolazione combatte per il pane quotidiano, molti altri hanno bisogno del gioiello per vivere. Vedo clienti scavalcare con disinvoltura il poveraccio vestito di stracci che striscia per terra davanti al negozio dorato. Dà proprio fastidio vedere come sono abituati a ignorare la povertà.

Una folla si accalca ai banchi del negozio che sto per raggiungere. Si trova su un piccolo incrocio, nella laterale trova posto la cucina all'aperto, sulla strada principale i banchi con i cesti che espongono le specialità della casa: fritto di tutte le fogge. È odioso essere sempre così diffidenti quando capiti in un mondo diverso dal tuo, ma folla che si accalca è un buon segno però. Mi lancio anch'io.

Quando guadagno la prima fila, indico la forma contorta dalla frittura con l'aspetto meno dannoso possibile, che viene grossolanamente incartata in un foglio di giornale. «Quant'è?», ...con un cenno del capo mi indica l'uomo alla cassa, ergo: altra calca da affrontare. Deciso a farmi valere per non ripetere la figura della farmacia, sfrutto l'altezza e sbaraglio la concorrenza planando con la frittella in una mano e la banconota nell'altra sopra le teste dei concorrenti e metto i soldi sotto il naso del barbuto cassiere. Lui si ferma, sospende la sua frenetica attività 'prendo il denaro, apro il cassetto, do il resto, prendo il denaro, apro il cassetto, chiudo il cassetto...' e alza lo sguardo. In un buon inglese mi dice: «Hai fretta?», ...Cavolo! Ma non capisco proprio nulla di come funzionano le cose qui! E come un idiota rispondo: «No, perché?». Il barbuto mi sorride (mi stava prendendo in giro, credo?!), prende i miei soldi, mi dà il resto e riattacca: 'soldi, cassetto, resto, soldi, cassetto, resto...' Frenetico come a Wall Street.

Porto la mia frittella a spasso fino al ponte che attraversa il fiume alla fine del paese. Quando sto per salirci sopra, mi rendo conto che oscilla visibilmente al passaggio dei camion e delle corriere. Titubante come un trapezista alle prime armi, ma deciso a non fare l'ennesima figuraccia del pomeriggio, avanzo con passo disinvolto e misurato. Evidentemente sono piuttosto lento, visto che dopo pochi metri mi raggiungono tre studenti in divisa appena usciti dal college del paese e, come se fossi un elefante rosa che non passa inosservato neanche al *Crazy Horse*, mi chiedono: «Where are you from?». E io: «Italia! ...perché, non si vede?», chiedo a me stesso temendo una domanda sul calcio (fino a Paolo Rossi ci arrivo ma questi non erano mica nati allora!). Poi mi rilasso: qui è il cricket che comanda, sono salvo! La mente fa un salto e corre a quella sera a cena a Mosca con un collega inglese, James. Durante la cena controllava il telefono con una frequenza fastidiosa. Al che gli chiesi cosa c'era di così importante e lui disse una sola parola che nella sua testa doveva spiegare tutto: «Cricket!». Il punto interrogativo dipinto sulla mia faccia gli diceva chiaramente: «So what?». Jim allora cominciò a spiegarmi la sua passione per il cricket, e come tutte le persone che hanno una passione viva e sincera per qualcosa, m'incantò con i suoi racconti. Dopo pochi minuti aveva riorganizzato bicchieri, bottiglie, sale pepe e posate sul tavolo per spiegarmi come funziona il cricket. Un cameriere ignaro di cosa stava per interrompere, si avvicinò per rimettere ordine sul tavolo. Ma i fulmini dei nostri sguardi lo bloccarono e la partita di cricket tra sale e pepe continuò. Quel ricordo mi offre lo spunto per conquistare i miei compagni di quel breve viaggio attraverso il ponte: «India is doing well at the championship eh?». Si stanno giocando i mondiali e per puro caso ricordavo che l'India comandava il suo girone quando lessi il giornale con l'intervista alla Lagarde pochi giorni prima. I ragazzi si entusiasmano e rispondono: «Yes, we made to the semifinal!». «Really? Against who?». «Australia!». «And England?». «England is out!» ...Oh shit! Sorry James!

Arriviamo sani e salvi alla fine del ponte, ci salutiamo e io ritorno sui miei passi verso il centro del paese. Cioè, prima cerco di attraversare la strada... che è come giocare alla roulette russa con tutti i 'sono qui! sono qui! occhio che ti stiro!' che ti frastornano e disorientano. Ormai è buio. Non sono ancora arrivato all'albergo quando quasi calpesto un uomo accovacciato a terra, vestito di uno straccio sporco che copriva il minimo della sua pelle scura. Era quasi invisibile tra l'oscurità e il selciato. Automaticamente, come per scusarmi ma anche convinto di anticipare la sua elemosina, gli porgo le monete che ho in tasca. Il bianco degli occhi e il movimento delle braccia e della testa arruffata sono stati sufficienti per comunicare: «Perché lo fai? Io non te l'ho chiesto!». Mi scuso e riprendo il cammino più imbarazzato che mai. Possibile che non abbia ancora capito niente?! Sono così goffo!

Passo la notte insonne per il caldo, le brutte figure del pomeriggio, il timore di perdere il treno. Alle quattro mi alzo e vado alla stazione, è inutile continuare a girarmi nel letto: vado là, sarò sicuramente il primo. E invece c'erano già Dominik e Katia, una coppia di tedeschi che girano l'India in bicicletta. Hanno montato sui loro mezzi un clacson che dice 'sono qui! sono qui!' fortissimo, ma mi confessano che spesso non basta. Gli altri passeggeri arrivano verso le sei e mezza, due ore dopo di noi. Sono contento di non essere l'unico goffo stamattina. Un inserviente della società di catering viene a offrirci un tè. E poi si parte sul vecchio treno che cammina su un binario strano fino alla cima del Nalgiri.

Il palazzo del Sultano
Mysore, Karnataka

Mysore Palace, stanno per accendere le famose luci che illuminano il palazzo di notte. Attendo il momento sotto l'arco principale, quasi deserto: l'ingresso per i turisti è da un'altra parte.

Vengo circondato da tre bimbetti che cercano di vendermi un giocattolo ad elastico che si lancia in aria. Li frego proponendogli in cambio un servizio fotografico e porgo al più vanesio dei tre i miei occhiali da sole. Dopo svariati scatti e un paio di video - abbiamo tentato qualche ballo classico di Bollywood - i tre si allontanano orgogliosi e soddisfatti alla caccia di nuovi clienti. Mi siedo, cerco l'iPod, e ascolto un po' di musica in attesa delle famose luci. Il più piccolo dei tre torna sui suoi passi e si siede di fianco a me senza dir niente. Mi tolgo un auricolare e glielo porgo. L'iPod sta suonando René Aubry. Osservo il ragazzino per vedere la sua reazione. Lui chiude gli occhi per concentrarsi e con le mani segue la musica. Gli piace proprio, non mi vuole rendere l'auricolare. Il fratellino, si avvicina incuriosito. Gli faccio posto e cedo l'altro auricolare. Siedono uno di fianco all'altro ascoltando una musica mai sentita che annoierebbe tutti i bambini della loro età, mentre loro sembrano in estasi... tento di fotografarli ma il flash li sveglia come se all'improvviso l'iPod suonasse i Sex Pistols.

Le luci del palazzo finalmente si accendono. Bellissimo. Come previsto. Saluto i miei piccoli amici, rimetto gli auricolari e continuo ad ascoltare Aubry... muovendo le mani come se danzassero con la musica, come facevano loro prima.

Dipende, ma è così che funziona
Mysore, Karnataka

Crescendo nella cultura che ti appartiene impari a dare per scontate tante cose, come se fossero sempre esistite, come se non ci fosse altro modo. Tipo: per far funzionare qualcosa che riguarda molte persone, un condominio o il traffico nelle strade, servono regole, altrimenti è il caos. Oppure il significato di certi simboli o gesti. Se non sbaglio, i greci e poi i romani hanno forgiato il nostro modo di apprendere: tesi, antitesi, conclusione. Cioè se l'antitesi non smonta la tesi vuol dire che la tesi è valida e di conseguenza si arriva alla conclusione del ragionamento logico. Infatti, se ti chiedi il perché di certe cose, spesso dietro c'è una spiegazione logica. Per esempio: annuiamo per dire sì muovendo la testa dall'alto verso il basso come disegnando un punto esclamativo, quindi un'affermazione. Magari non è vero, ma di solito le nostre cose hanno una logica dietro frutto di ragionamenti giusti o sbagliati che nel tempo hanno forgiato la nostra cultura. Gli inglesi sono pragmatici, gli indiani meno. Gli inglesi dicono: «It makes sense» di fronte a un fatto logico. Mi viene da pensare che negli anni della loro permanenza in India non l'abbiamo affermato spesso. Non c'è mai una logica chiara nelle cose indiane. La loro cultura più spirituale che pragmatica fa sì che le cose della vita funzionino più per fede che per logica. E quando cerchi di capire meglio, la risposta è sempre la stessa: «Dipende».

Il traffico per esempio, come funziona? Non esiste un cartello stradale, le strade sono intasate di mucche, biciclette, pedoni, macchine, moto, motocarri, autobus, elefanti, tutti impegnati ad andare più forte possibile, a velocità comunque ridicolmente lenta, in tutte le direzioni senza un minimo di criterio. Sembra un enorme schizofrenico videogame il cui scopo è almeno evitare gli avversari e non colpirli. O i treni: perché la gente scende dal lato opposto alla piattaforma? Perché quella porta è aperta? Sempre che qualcuno l'abbia chiusa?! O le guardie giurate: perché indossano le ciabatte? Ah, ok, giusto: anche i ladri le indossano, così in caso di probabile inseguimento se la giocano alla pari. «It doesn't make any sense!».

Come il più pignolo dei ragionieri faccio il piano di viaggio dei prossimi giorni. Viaggiando in treno non ho alternative: i treni si riempiono in fretta, è fondamentale prenotare con anticipo. Armato della mia dettagliatissima lista con nome del treno, numero, data, stazione di partenza, orario di partenza, stazione di arrivo, orario d'arrivo e classe desiderata, sfido la concierge del mio lussuoso albergo a trovarmi i biglietti.

Il *Lalhita Mahal Palace* è sì un palazzo sontuoso, in passato guest house del maraja locale, ma cade a pezzi. Il che gli dà un fascino impagabile. Il soffitto delle camere è alto sei metri, l'acqua della vasca è regolata da antichi meccanismi che la mandano un po' ovunque, nei corridoi dell'ala meno frequentata sono accatastati mobili rotti. Le tende dei saloni hanno l'aria stanca, il personale è elegante ma sgualcito, il prato spelacchiato qua e là, la piscina in perenne manutenzione. La concierge è in un angolo in cima allo scalone d'ingresso. Un banco di legno, rivestito di oro finto, senza nessuno. Nell'attesa che qualcuno si faccia vivo noto che il banco è sguarnito di qualsiasi strumento di lavoro. Tipo un telefono? E io povero illuso che pensavo di imbattermi in un membro della setta della *Chiave d'Oro* che grazie alla sua rete di contatti con le concierge degli hotel più rinomati avrebbe trasformato la mia lista in biglietti in un batter d'occhio. Ho visto troppe volte *The Grand Budapest Hotel*, direi. Mi vengono in soccorso dalla reception. Espongo i miei desideri a cui rispondono: «Nessun problema, facciamo subito venire il responsabile dell'ufficio prenotazioni delle ferrovie». Anche loro hanno visto troppe volte *The Grand Budapest Hotel*?! Mi invitano ad aspettare nel salone. Mezz'ora più tardi mi chiamano, mi accompagnano a un telefono e mi fanno capire che il mio uomo è in linea. Estraggo la mia dettagliata lista e comincio a dettare le mie richieste. Non arrivo al secondo treno che la voce dall'altra parte dice: «Ho capito, vuole andare a Hyderabad, la richiamo», e aggancia.

Che faccio? Spiego l'accaduto alla ragazza che mi ha accompagnato al telefono chiedendo consiglio. Gli indiani hanno un modo tutto loro di dire si, no, forse, non ne ho idea: dondolano la testa a destra e sinistra e un po' avanti e indietro come se disegnassero il simbolo dell'infinito nell'aria. Come quei pupazzi che i proprietari di *Fiat 128* più estroversi mettevano sul lunotto posteriore della macchina, di solito un cagnolino. Ecco loro dondolano la testa così, di continuo per dire sì, no, forse, non lo so... insomma per dire dipende. Da cosa?? Da tutto! Dall'universo! Dall'infinito appunto! Provo ad aspettare.

Tornano a chiamarmi, la voce al telefono mi chiede in che classe voglio viaggiare: «Qualsiasi va bene!». «Ok». Propongo di mandargli la mia preziosa lista via fax. Dice che non serve e promette di richiamare. Credo mi tocchi affrontare lo sportello prenotazioni della stazione a questo punto. Non che mi dispiaccia, temo solo che con la mia abilità a tenere la posizione nelle file in India, ci passerò la giornata. Chiedo alla reception di informare la voce che non ho più bisogno di lui. Mi rispondono che non serve. Come a dire: «Lo sapevamo già che non avrebbe funzionato».

Salto su un *rickshaw* e vado in stazione. Lo sportello prenotazioni ha un sistema d'attesa regolato da numeri d'arrivo e con pannello digitale e altoparlante che chiama i numeri di turno. Mentre godo dentro di me, una ragazza europea, credo del nord, mi dice: «Calma ragazzo, prima devi fare la fila la e farti dare i moduli». Ah, ecco, adesso va meglio, sono ancora in India. Lista da una parte, moduli dall'altra, faccio i compiti e aspetto il mio turno.

Numero 215, sportello 2, ci siamo. Consegno i miei moduli alla signora in *sari* d'ordinanza sorridendo compiaciuto come uno studente modello. Armeggia con il computer per qualche minuto cercando il primo treno che mi serve. Poi scuotendo la testa nel solito enigmatico modo, mi restituisce tutto dicendo: «Non è possibile, torni domani». Lo sconforto del primo della classe in un mondo in cui non l'apprezzano! Non tento neanche di ottenere una spiegazione - cosa cambia domani??! - o di trovare un'alternativa. Infilo la lista e i moduli nel libro ed esco nel piazzale.

Idea: agenzia viaggi. A me un *rickshaw*! Entro in quattro diverse agenzie viaggi. Tutte offrono biglietti aerei, bus, minibus, ma non i treni! Perché qui no e a Cochin sì?!

Non domo, penso: compro una sim card indiana, mi registro al sito delle ferrovie e me li prenoto da solo i biglietti! A me un altro *rickshaw*! Entro in tutti i negozi di operatori telefonici locali e internazionali che trovo. Niente da fare: «Non si può, non è possibile, torni domani»... L'ultimo sconfigge la mia determinazione spiegandomi che non poteva soddisfare la mia richiesta perché era vacanza. Quando ho detto: «Come vacanza?! Il negozio è aperto, no?», e la ragazza dondola la testa: «Dipende». È ovvio!? Non devo avere abbastanza fede. «Oggi facciamo altro, per i biglietti c'è tempo».

Il *Mysore Palace* è stato costruito da un architetto inglese all'inizio del '900 su ordine dell'ultimo discendente della dinastia locale. Per quei tempi era un progetto molto imponente e la vista da fuori incute subito meraviglia. Per far tutti contenti, l'architetto ha mischiato stili architettonici tipici delle tre religioni: hinduismo, islamismo e cristianesimo. Esaurita la meraviglia per la vista del palazzo dall'esterno mi metto in coda per visitarne gli interni. Il Maraja, o l'architetto, doveva essere amico di Luigi XIV e di Ludwig, ho pensato contemplando il gusto un po' esuberante delle sale più importanti. Se poi cerchi di immaginare come andavano in giro vestiti qua dentro in quei tempi, la visione è certamente ricca e scintillante. Un po' troppo forse.

Mi annoio in fretta quando visito gli edifici storici. Sono luoghi senza vita e non ti danno la possibilità di viverli. Cerco di rimediare trovando la musica adatta nell'iPod - la tentazione di ascoltare *Maraja* di Capossela e mettermi a correre inseguito dalle guardie è forte - oppure immaginando come sarebbe più bello visitarlo la notte, quando è deserto. Fare la ronda assieme al guardiano notturno, aspettare seduto sul trono della sala dei ricevimenti la visita del fantasma del Maraja. Un po' deluso, esco e mi dirigo verso la città vecchia.

Il mercato di Mysore è circondato da mura, più alte in corrispondenza delle porte di ingresso. Dentro i banchi coperti da tendoni blu e amaranto sono disposti su tre file che creano cinque corridoi. Sui lati le botteghe sono in muratura. Appena varcata la soglia vengo assalito da una quantità di profumi uno più inebriante dell'altro. Fiori, frutta, spezie, incenso, olii, uno dietro l'altro, a volte a gruppi, a volte alternati. I fiorai sono tutti impegnati a 'spiumare' i fiori per farne lunghe ghirlande. I più maniaci staccano un petalo alla volta. Un intruso sta tagliando foglie di banano. Taglio preciso, stessa misura: quelle foglie diventeranno piatti sulle tavole delle case e dei ristoranti. Il venditore di incenso prepara le sue miscele seduto per terra, circondato da ampolle e polveri, usando una vecchia, sporca tavola di legno per arrotolare l'impasto agli stecchini di bambù. Respiro a pieni polmoni, forse per la prima volta da quando sono arrivato. Dopo aver percorso tutte le corsie, sigillo il ricordo di quegli odori nel mio naso e torno nel caos fuori dalle mura del mercato.

La mattina venendo in città dal mio palazzo sulla collina ero passato davanti al *Mysore Race Club*. Una bella targa su un lunghissimo muro di cinta. Fermo un *rickshaw* e chiedo: «Ci sono corse oggi al *Race Club*?». La risposta è ovviamente il solito infinito dondolante 'dipende'... Andiamo!

Varchiamo il cancello ed entriamo nel parcheggio del club: è pieno! Macchine, moto, biciclette e *rickshaw* in fila in attesa dei clienti. All'interno la folla riempie tutti gli spazi che mi trovo davanti: ricevitorie, bar, tettoie che riparano la folla che osserva le corse di cavalli dagli altri ippodromi sugli schermi appesi alle colonne. Guadagno le tribune dell'ippodromo e mi siedo più in alto possibile. Le tribune sono ancora deserte e non c'è attività alcuna sul circuito. Bene, sono arrivato in tempo. Anche qui qualche monitor attaccato alle colonne mostra le corse dalle altre città. Mi raggiunge un ragazzo che si siede di fianco a me. Non vuole solo sapere da dove vengo, cosa che capita di frequente, ma cosa faccio appollaiato lassù. Scopro presto che non c'è nessuna gara oggi, stanno tutti scommettendo sulle gare di Mumbai che mostrano i video. Seena, il nome del mio nuovo amico, mi racconta della sua ultima scommessa: aveva puntato bene e vinto. Mi spiega tutto delle gare successive: cavalli, fantini, allenatori, risultati recenti. Sa tutto! Nel frattempo si è riunita una piccola corte attorno a noi. Aprono le scommesse per la prossima gara e la discussione si fa accesa. Seena decide di puntare su *The Royal Majesty*. Io coinvolto dalla scena decido di partecipare e punto su *Authority*. Parte la gara, fiato sospeso... *The Royal Majesty* secondo, *Authority* terzo. Io esulto: non ho vinto niente ma il mio cavallo è arrivato terzo, che cavolo, è la prima volta che gioco! Seena scuote la testa: stavolta il significato è chiaro.

Parte subito la discussione sulla prossima corsa: Seena sceglie *The Essence of Love* (ma chi dà i nomi ai cavalli da corsa?!), io scelgo *Bella Figura*. Seena mi avverte che il mio cavallo è una schiappa, ma io mi ero già affezionato: era l'unico cavallo con il nome italiano in tutto il programma!

The Essence of Love penultimo, *Bella Figura* ultimo. Che coppia di giocatori! Rimango per un altro paio di corse. Seena ne becca una e torna a sorridere. Non può permettersi di chiudere la giornata in perdita, lui vive di quello. Viene qui tutti i giorni, come tutti quelli che ci circondano, come la maggior parte qui. Il *Club dei Vitelloni* di Mysore.

Lascio l'allegra brigata alle loro fatiche quotidiane e mi dirigo verso il quartiere periferico dove si trovano le scuole di yoga (Mysore è la capitale dell'ashtanga yoga). Uscendo dal mio palazzo stamattina mi ero appuntato l'indirizzo di un ristorante vegetariano popolare tra gli studenti. Mostro l'indirizzo al primo *rickshaw* che mi capita che risponde con la solita ciondolata di testa, e via verso l'infinito ignoto. Ovviamente non aveva idea di dove fosse quel posto e nonostante le perlustrazioni a casaccio del quartiere, ripetute letture dell'indirizzo, consultazioni varie con passanti e negozianti, dopo mezz'ora stiamo ancora girando a vuoto. Provo a prendere io l'iniziativa: scendo e mi dirigo verso un'agenzia viaggi, loro dovrebbero parlare inglese. «Conoscete questo ristorante?» ...La testa ciondola diverse volte mentre l'uomo studia il mio biglietto. A scanso di equivoci chiedo: «Sì o no?» ...Ciondolata negativa! Ho perso anche stavolta.

Ripiego verso il *rickshaw* quando la mente recupera la mia lista di treni da prendere: a proposito, biglietti per il treno? Ciondolata tendente al sì e mostro la lista madre. Altra ciondolata seguita da un «Aspettami qui!». L'uomo sale su uno scooter e sparisce con la mia lista lasciandomi solo nella sua agenzia vuota. Torna dopo dieci minuti con la testa che ciondola 'no'. Chissà dov'era andato?! Poi con il sorriso di uno che ha vinto la lotteria, esclama: «Ma sono le sette e trenta!». «E allora?». «Vieni con me!». Liquido il *rickshaw* e salgo dietro di lui. Il dipende offre infinite interpretazioni e possibilità: dove staremo andando? Non voglio saperlo!

Arrivati in stazione, parcheggia sul marciapiede e ordina di seguirmi. Scavalca il povero indiano allo sportello informazioni e impugna i famosi moduli che mi ordina di compilare. Io, riesumando la faccia da primo della classe della mattina, estraggo i moduli già compilati. Dentro la sala prenotazioni, ignora i biglietti del turno e monopolizza due sportelli da solo dando ordini ai due impiegati mentre porge i moduli. Segue un duello di risposte, dondolate di testa, correzione dei moduli. Dopo dieci minuti ho nelle mie mani i cinque biglietti che inseguivo da ore! Non bastasse, si offre di accompagnarmi in albergo, o meglio a palazzo. Cercando di ricambiare lo presento alla reception dicendo: «La prossima volta che vi capita un turista imbranato che vuole dei biglietti, chiamate quest'uomo, lui lo salverà!». Ciondolate reciproche, sorrisi e si scambiano i dati. Mi saluta contento e pretende una foto con me. Era evidente che ci teneva molto.

Mi siedo ai tavoli del bar a scrivere, ormai è tardi. Il palazzo è silenzioso, i corridoio vuoti, il ristorante buio. Dal salone delle feste arrivano all'improvviso urla schiamazzi e scoppi. Rimango in ascolto guardingo. Niente... Dopo qualche minuto sento delle voci e vedo uscire un gruppo di ragazzi che si dirigono verso i tavoli dove sono seduto. Si presentano e alle mie domande su cosa stanno facendo là dentro rispondono: «Giriamo un film horror», dicono con fare orgoglioso. «Davvero? Posso venire a vedere?», dondolata di rito: «Sì? No? Forse? Dipende? ...Chissà», beh io ci vado lo stesso.

La guida, il secchione e Re Luigi
Hampi, Karnataka

Scendo dal treno alle sette di mattina assonnato e stanco, ho dormito poco e la schiena è a pezzi. I letti delle *sleeper class* sono tavole di legno rivestite di plastica e il mio corpo non è abbastanza flessibile per spalmarcisi sopra come un invertebrato per sedici ore come fanno loro. La folla mi trascina verso l'uscita dove l'esercito di autisti di *rickshaw* cerca di catturare una preda come pescatori eccitati per l'avvistamento di un branco di pesci allo sbando. I turisti sono ovviamente le prede più ambite. Evito le prime proposte senza rendermene conto, voglio prima uscire sul piazzale e capire dove sono gli autobus. Non sono ancora riuscito a prenderne uno! La folla si sta diradando quando sento una voce alla mia sinistra. Trovi sempre qualcuno che ti propone il suo servizio in maniera più gentile degli altri. E io ci casco sempre.

La corsa verso Hampi dura circa mezz'ora. Santos, l'autista, mi propone ogni sorta di diversivo ma deve accontentarsi di scaricarmi in albergo. Ho bisogno di un po' di riposo prima di affrontare i resti della città imperiale fondata da Telogu, principe di Harihararaya. La città è anche famosa come il regno degli dei scimmia in un'epica storia della mitologia Hindu. La camera della *Padma Guest House* dove alloggio dà sul tempio principale, il più antico e l'unico ancora in funzione tra le centinaia di monumenti presenti nell'area. Andiamo a presentarci alla divinità locale. Varco la soglia del tempio che porta al primo cortile interno con passo titubante: non capisco mai in che punto devo togliermi le scarpe. Dopo pochi metri vedo venirmi incontro un uomo con un cappello da baseball e passo deciso, ha un che di ufficiale nel suo portamento. Fortunatamente non vuole rimproverarmi per qualche sacrilegio involontario ma solo offrirmi i suoi servizi: è la guida del tempio. Mi spiega che ha riunito altri tre stranieri e stanno per fare un giro in bicicletta tra le rovine. Mi faccio convincere anche da lui.

Anaman, la guida mi presenta agli altri tre: due ragazze taciturne, una austriaca e l'altra russa, e Anand, un ragazzo indiano del nord, più espansivo e sorridente. Ci consegnano le biciclette e Anaman indica la prima tappa: il tempio di Ganesh in cima alla collina che domina l'antico bazaar. Il furbacchione ci precede in moto, sostiene che la moto serve per motivi di sicurezza nel caso in cui uno di noi rimanga a piedi. Solo a quel punto scopro che il giro durerà tre ore! Addio riposo tanto agognato.

La visita ai primi templi si svolge tranquillamente con il piccolo gregge che segue e ascolta disciplinato le spiegazioni del nostro pastore americanizzato dal suo cappello. Ritornando verso le bici sento Anand bofonchiare qualcosa tipo: «Ma non spiega bene, non dice tutto!». Pedalando accanto giù per la discesa che ci porta al tempio di Krishna nella valle accanto gli chiedo cosa intende e scopro che Anand è molto appassionato alla storia del suo paese. Mi riempie di dettagli, retroscena e attualità sul dio Ganesh, tutte informazioni omesse dalla guida e secondo Anand molto importanti. Già dal secondo tempio cominciano i guai di Anaman la guida. Illustrando le varie incarnazioni di Vishnu scolpite sull'arco di ingresso viene ripreso qualche volta da Anand su alcune imprecisioni e poi messo all'angolo da una serie di domande a raffica su alcune parti mancanti. Anand sa ovviamente le risposte ma si vede che ci tiene a dar mostra del suo sapere. Abbiamo un secchione in squadra. Anaman risponde come può, a volte inventando mi sembra, ma sempre senza scomporsi, placido e mite. Anand non infierisce quando lo vede in difficoltà, anzi. Il duetto procede di tempio in tempio, palazzo, bagno reale, stalle degli elefanti, piazzale delle sfilate, al punto che si scambiano i ruoli: Anaman per giustificare il ruolo fa l'introduzione, Anand subentrando spiega tutto come pare a lui e Anaman lo copre di domande per completare il suo sapere. La scena è commovente e comica. Da un lato l'umiltà della guida spodestata e dall'altra l'indiano orgoglioso della sua storia che ci tiene a far fare bella figura al suo paese. Entrambi comunque molto piacevoli. Osservandoli mi è venuta in mente una visita che feci con il mio adorato nonno Enrico al Palazzo Ducale di Mantova, sua città natale. Alla biglietteria un cartello offriva l'accompagnamento della guida. Lo proposi al nonno che rispose: «Perché no. Due biglietti e la guida per favore». Il signore allo sportello ci informò che purtroppo la guida quel giorno era malata ma che era disponibile la donna delle pulizie. Vedendo la mia espressione confusa e incerta, aggiunse: «Guardi, non sarà la guida, ma ha ascoltato la filastrocca che racconta tutti i giorni per anni, le assicuro che non vi deluderà». Il nonno entusiasta e divertito dall'idea, insistette per accettare. La signora in grembiule d'ordinanza si presentò dopo pochi minuti e iniziammo il tour. Il nonno aveva ragione: le informazioni che l'arzilla signora ci forniva riguardo alla storia del palazzo e alle sue opere erano impeccabili. Ma il colpo di genio furono i commenti che faceva sotto voce passando da una stanza all'altra: «Questo è il pavimento originale dei tempi dei Gonzaga, in legno di eccetera, eccetera, nel tipico disegno eccetera eccetera, come vedete i segni del tempo sono evidenti». Poi aggiungeva sottovoce guidando il plotone nel salone seguente: «Infatti si diventa matti a tenerlo pulito! Ma a loro non interessa, tanto devo farlo io!». Oppure: «Ecco il salone degli arazzi finemente intrecciati da eccetera, eccetera e raffiguranti eccetera, eccetera». Poi: «Ci vuole un genio per appendere dei tappeti ai muri! E non me li fanno neanche sbattere! Ecco lei non ha idea della polvere che si accumula in quella stanza», si sfogava cercando un po' di complicità. Non riuscivo a smettere di sorridere pensando Anand alle prese con una guida improvvisata del genere: «Senti tu ragazzino, se la sai tanto lunga perché non la fai tu la guida che c'ho la camera della principessa da finire?!». Sono tentato di raccontarlo a

Anand ma rinuncio. Tornando verso il paese mi racconta della sua città natale in Rajastan, della sua carriera a Bangalore, della sua passione per il suo paese.

Finalmente mi sdraio sul letto sotto una ventola cigolante e cado in un sonno profondo. Mi sveglio di soprassalto preoccupato di aver perso tutta la giornata ma fortunatamente sono solo le quattro. Mi precipito fuori dalla stanza deciso ad andare al tempio di Vittala, quello più grande di tutti che dista qualche chilometro. Incontro Santos che è ben felice di darmi un passaggio. Arriviamo un'ora circa prima del tramonto e della chiusura. Il complesso del tempio consiste in un tempio principale e alcuni templi minori più un carro di pietra nello spiazzo di fronte al tempio maggiore, il tutto circondato da alte mura e dall'aperta e rocciosa campagna. Al calar del sole la pietra dei templi diventa di colore sempre più caldo. La quasi totale assenza di persone rende l'atmosfera magica, senza tempo. Vago senza meta dentro e fuori gli edifici, scalzo, per non correre il rischio di insultare qualcuno. Tento qualche foto senza trovare il modo di rendere l'idea di quell'atmosfera in una foto senza vita. Allora mi siedo sugli scalini di uno dei templi laterali e mi godo il momento. I miei pensieri sono interrotti dall'ingresso di un gruppo numeroso e variopinto dal portone principale. Uomini, donne, bambini, gli uomini vestono tutti con il tradizionale *dothi* bianco, le donne con i loro *sari* colorati. Sembrano più in visita alla fiera di paese che a un luogo sacro. Si disperdono e si raggruppano come turisti senza guida, scanzonati e colorati. Scatto qualche foto senza guardare nel mirino perché la vista diretta è molto meglio, non importa se le foto non vengono. Mi alzo e gli vado incontro, voglio passarci in mezzo, sentire le voci e guardare i volti. Sono a qualche metro da loro quando mi notano e gli uomini più anziani si avvicinano indicando la macchina fotografica parlando animatamente. Mi hanno beccato, adesso sono guai, penso divertito. Mostro loro la macchina cercando di trasmettere fiducia e disponibilità. Il vociare si fa più convulso. Uno di loro sta indicando se stesso, allora provo a fare il gesto di fotografarlo e, sorpresa, ecco quello che volevano. Comincia un servizio fotografico di tutto rispetto: foto di gruppo solo uomini, uomini e donne, donne e bambini, bambini da soli. A ogni scatto tutti vogliono vedere il risultato, poi dondolano la testa contenti. Propongo di passare ai ritratti. Catturo il primo disponibile, lo metto contro il muro del tempio, scatto. La luce è fantastica, lui nobile e bellissimo, gran foto! Il risultato divide il gruppo in due: c'è chi si mette in fila e chi si nasconde. Scatto tutti i volenterosi poi vado a pescare i timidi dietro le sottane e alle colonne. Poi passo alle donne, che prima si offrono a gruppi di due, poi un po' alla volta accettano di posare da sole. I bambini sono uno spasso. Avrei passato ore con loro ma non voglio insistere, gli ultimi mi lasciano per unirsi all'allegra brigata che nel frattempo si è dispersa tra le rovine del tempio. «Namaste! Vi abbraccerei tutti, se sapessi come fare».

Torno a sedermi sui miei scalini a contemplare la luce, le ombre, le forme dei templi, il colore della pietra. Mi aspetto che il carro di pietra da un momento all'altro si animi, la pietra diventi legno coperto di fiori e si muova, avanti e indietro, e poi voli via, chissà dove. Il mio sguardo vaga nel recinto sacro ormai deserto, la mia mente salta da un'immagine a un ricordo senza una logica apparente. Ed è il suo bello! Ma quando lo sguardo si ferma su una delle porte secondarie delle mura che proteggono i templi, la mia immaginazione non riesce a fare a meno di vedere Baloo fare irruzione nella scena travestito da scimmia mentre Re Luigi l'orango attacca:

> «Io sono qui nella giungla ormai
> una personalità
> Ma mai quaggiù varrò di più
> e questo poco mi va
> Io voglio diventar uomo
> e andando giù in città
> sentirmi fra i miei simili
> son stufo di star qua
> Oh, yooh beeh dooh!
> Io voglio esser come te
> parlare e ragionar come te, come te...»

Lascio Baloo e Re Luigi a dimenare sederi e zampe e mi incammino lungo il sentiero che, seguendo il fiume, porta al villaggio. Il sole è tramontato, la luce del cielo e il riflesso sull'acqua del fiume tra le rive rocciose sono uno spettacolo struggente. Il sentiero sparisce, sto camminando su enormi sassi. Credo di essermi distratto e di aver perso la via, i sassi diventano massi sempre più grandi e davanti a me vedo una collina rocciosa piuttosto alta. È quasi buio. Il fiume è sempre alla mia destra, ma non capisco dove sono: se devo scavalcare quella collina arriverò al villaggio a notte fonda. Indeciso se tornare indietro e cercare un *rickshaw* e proseguire, continuo a camminare con passo affannato. Scivolo un paio di volte, ci manca solo che mi faccia male! Vado avanti.

Non mi ero reso conto che il fiume si biforca prima della collina. Quindi continuo a seguire la sua riva facendo acrobazie tra le rocce impervie quando finalmente scorgo la cima del tempio del villaggio a sinistra del crinale della collina che pensavo di dover affrontare. Dopo poco i massi diventano più facili da scavalcare. Metto finalmente piede sulla terra e vedo all'estremo opposto del campo un sentiero che corre verso il tempio. L'ultimo ostacolo prima di casa sono le vecchie rovine deserte che il sentiero attraversa: un tempio diroccato con il suo mercato davanti, un paio di templi minori ai lati e il serbatoio dell'acqua. È forse il tempio meno visitato di tutti, isolato e tetro a quell'ora. Più tardi i fantasmi degli antichi regnanti appariranno qui, lontano da tutti. Non visti, faranno finta di essere ancora al potere, di dominare il mondo. Il tempio s'illumina, il mercato si anima e che le danze inizino. Mi lascio anche quest'allegra brigata alle spalle e raggiungo il villaggio accennando qua e là un passo di danza al ritmo di *The monkey song*: «Oh, yooh beeh dooh!».

Lo studente e il comandante del treno
Da Hyderabad, Andhra Pradesh, a Satna, Madhya Pradesh

Ho dormito male, come tutte le volte che devo alzarmi presto per prendere un aereo o un treno. Sto per affrontare il viaggio più lungo che abbia mai fatto su rotaia: ventotto ore! Arrivo alla stazione con il solito enorme anticipo così posso assicurarmi che il treno esiste, che parte proprio da questa stazione ma soprattutto che questa sigla minacciosa WL mai vista prima non significhi *Waiting List*, anche se dubito stia per *Wagon Lit*. Infatti sono in lista d'attesa ma essendo tra i primi il sollievo arriva presto: carrozza A2, posto 1. Saliamo! Uno dei miei compagni di viaggio è già a bordo che sistema le sue cose. Mi guarda sorridente e mi saluta in un ottimo inglese. Si chiama Allah Mohammed ed è libico.

Mohammed ha un'espressione dolce, non solo perché parla e ascolta sempre con un sorriso accennato in volto, ma anche perché il taglio dei suoi occhi, affusolato, elegante e gentile, gli dona uno tocco femminile senza renderlo effeminato. Entusiasta dell'incontro, gli racconto di aver visitato il suo paese, descrivo le meraviglie di *Leptis Magna* e Ghadames e le assurde avventure a Tripoli e Nalut. Mi chiede se ho fatto anche quel viaggio da solo. Gli rispondo di no, ero con tre amici, mentre ricordo ridendo tra me e me la formazione di quel viaggio improvvisato all'ultimo minuto tanti anni fa (in teoria eravamo partiti per andare in Sicilia). C'erano il viaggiatore esperto, che aveva già visto e provato tutto ma con un certo talento nel mettersi nei guai, e i tre principianti: il capitalista, che crede nella forza della sua carta di credito ignaro che in certi posti non serve a nulla; l'ansioso, perennemente abbracciato alle sue quattro bottiglie d'acqua che ripeteva come un mantra tutti i crimini puniti con la pena di morte o la prigione a vita dalla legge libica sperando di indurre un po' di buon senso nelle iniziative dell'esperto; il timido, che osservava le gesta degli altri curioso di scoprire cosa sarebbe successo. Mohammed mi ascolta divertito, non aveva mai incontrato uno straniero che avesse visitato il suo paese. Lui invece non sta visitando l'India, ci vive da sei anni. Finita la scuola superiore in Libia, voleva andare a fare l'università all'estero. L'Europa però era fuori portata per lui: o non lo accettava l'università di turno, o lo stato non gli concedeva il visto da studente, e comunque era troppo costosa per la sua famiglia. Suo padre gli suggerì l'India: «L'economia sta crescendo, le università sono in inglese, e forse ti ambienterai meglio che in Europa». «Mio padre aveva proprio ragione, mi sono trovato subito bene», dice allargando ancora di più il sorriso e spalancando gli occhi. Si è laureato in economia e adesso si sta specializzando in controllo finanziario. È preoccupato della sua scelta, non sa se riuscirà a trovare lavoro con quella specializzazione. Cerco di rassicurarlo e gli racconto di come il mondo si sta evolvendo, di come le vecchie logiche di profitto per canale o linea di prodotto stanno cambiando e del bisogno di persone come lui. Sorride di nuovo soddisfatto, ma poi aggiunge: «Ma io vorrei trovare lavoro nel mio paese, vorrei tornare a casa, incontrare una donna, sposarla e creare con lei una famiglia». È così dolce, sincero e genuino che mi fa tenerezza. Il mio ragionamento macro economico forse non ha alcun senso nella Libia di oggi. Allora me ne invento un altro e in un attimo anche la Libia è piena di opportunità! E lui sorride, fiducioso.

Sono già diverse ore che siamo in viaggio, ma è comunque un'inezia rispetto al percorso totale. Mi appisolo cullato dallo sferragliare del treno. Quando mi sveglio, sta imbrunendo. Due passeggeri si sono uniti a noi, un adulto e un bambino di circa otto anni. Mohammed sta già facendo gli onori di casa. Cerco di capire di cosa stanno parlando senza interromperli, ma la curiosità è troppa e non riesco a trattenermi dal chiedere: «Ho capito bene, lei è un macchinista?». E lui dondola la testa sorridendo. Questa è chiara, vuol dire sì. Preso da una gioia infantile, lo tempesto di domande di ogni tipo ricordando i pomeriggi passati a casa del nonno a giocare con il plastico dei trenini: «Dove va? Da quanto tempo? Come si fa a diventare macchinista? Quanto è potente una locomotiva? E quelle dei treni merci? A che velocità stiamo andando adesso?». Il nostro nuovo compagno di viaggio risponde paziente e orgoglioso di far parte della *Indian Railways* che trasporta ogni giorno una quantità di persone pari alla popolazione dell'Australia, dice per impressionarci. Si sta recando allo snodo più importante della regione, dove prenderà possesso di un treno che deve portare a Mumbai, circa trentasei ore di viaggio. Il bimbetto ci sta ascoltando incuriosito. È suo figlio, mi spiega, capisce bene l'inglese ma non lo parla spesso. «Ho deciso di portarlo con me sulla locomotiva per questo viaggio». «Davvero??? Fosse mai capitato a me!». Il bimbetto si chiama Sumer, ma fa fatica a capire perché trovi questa sua avventura così esaltante. Il padre mi viene in soccorso e traduce quello che sto dicendo. Finalmente ci capiamo e sorride anche lui.

Siamo arrivati alla stazione, il comandante del treno per Mumbai e il suo piccolo occasionale aiutante si preparano a scendere. Chiedo al padre il permesso di fare un piccolo regalo a suo figlio, la mia mappa dell'India. «Ecco vedi, così puoi seguire il tragitto dei viaggi che fa il tuo papà quando non puoi andare con lui». Sumer guarda attonito la mappa che sto aprendo per mostrare la grandezza dell'India, tutta aperta è alta tre volte lui. La ripiego e la metto nelle sue mani. Lui la prende incredulo, poi sorride e l'abbraccia stretta. Mentre scendono dal vagone Mohammed sospira rapito e commosso dalla scena: i bambini sono la cosa più bella del mondo.

La mattina seguente tocca a me scendere. Buona fortuna Mohammed, con tutto il cuore! Ci lasciamo con un sorriso sincero e una bella stretta di mano.

Lo scugnizzo di Khajuraho
Khajuraho, Madhya Pradesh

I templi più belli dell'India si trovano qui, a Khajuraho. Non l'ho detto io, l'ha scritto Pasolini nei suoi appunti di viaggio nel 1961. Allora i templi non erano recintati, forse erano in rovina, immersi nella vegetazione e abitati da scimmie selvatiche. Non era una meta turistica. Oggi è diverso, ma merita comunque vederli.

Lungo il breve pellegrinaggio che compio dal mio alloggio al gruppo di templi più importante, quello a ovest del paese, vengo assalito dai cacciatori di turisti in servizio nella strada principale. Chi offre un passaggio, chi la visita a luoghi sconosciuti ai comuni mortali, chi sconti mirabolanti nel negozio migliore della zona. Evito, ignoro, ringrazio, proseguo. Giorni fa ho incrociato due argentini. Con un pizzico di orgoglio ci siamo detti: «Dobbiamo essere i turisti peggiori per loro, noi arriviamo allenati, conosciamo il gioco, serve un'esca più elaborata ragazzi!». Mi affianca un ragazzo in moto, occhi svegli e attenti, cappello alla moda, bei modi. «Sei italiano?», chiede nella mia lingua. «Posso offrirti da bere?». «E cosa mi offriresti?». «Quello che vuoi, anche del vino locale se non l'hai provato, «è ayurvedico», aggiunge, «non fa male». Ecco l'esca per me. È ovviamente una trappola, ma almeno è originale. Salgo con lui e andiamo nel cortile di un bar. Si uniscono a noi altri tre ragazzi. «Siete amici?». «Certo, siamo della stessa casta», mi risponde. Beh in fondo potrebbe capitare anche a Siena, sostituendo casta con contrada. Arriva il cameriere per le ordinazioni, ma il vino locale non è nel menu. Mi spiegano che devo anticipare i soldi al cameriere che andrà al vecchio villaggio a comprarne una bottiglia. Ecco qua, porgo il denaro richiesto con l'incoscienza necessaria per mettersi nei guai. Arriva una bottiglia di plastica, piena di un liquido chiaro, piuttosto alcolico, come si conviene a un distillato clandestino che si rispetti. Si beve un po' allungato, con una spruzzata di limone. Dei quattro, uno sta studiando giapponese per poter raggiungere il fratello che ha sposato una turista giapponese di passaggio e ha aperto un ristorante indiano a Tokyo; un altro lavora per il governo e ci tiene a sapere se mi hanno trattato bene finora, anche se fa domande da servizio segreto; l'ultimo ha dei campi nella provincia, è un agricoltore. Il mio scugnizzo, come tutti gli scugnizzi che si rispettano, fa cento cose, e forse nessuna veramente. Ma è sveglio, scugnizzo doc! Li lascio con la promessa che avremmo pranzato assieme il giorno seguente.

La mattina gli altri fanno la spesa mentre lo scugnizzo passa a prendermi: prima di pranzo vuole farmi visitare la città vecchia, si vede che ci tiene e mi fa piacere. Cominciamo dal quartiere dei bramini, la casta più alta. Mi mostra il lavoro che le donne di casa fanno ogni mattina: «Sciolgono gli escrementi di mucca in un po' d'acqua e dipingono una cornice sul selciato attorno a casa. Porta fortuna alla famiglia che ci abita e tiene lontane le zanzare». Passiamo all'altro quartiere, quello dei soldati, la sua casta. Sostiene che le differenze tra i quartieri sono evidenti, trasmettono chiaramente il tipo di vita della casta che li abita. Le strade e le case cambiano forma e dimensione. La cornice porta fortuna, o scaccia zanzare, si trova ovunque però. Qua e là appaiono piccoli templi di quartiere, così li chiama, nicchie addobbate con statuette rubate ai templi ufficiali. Arriviamo al quartiere dei mercanti e mi presenta il venditore di latte che sta facendo il suo giro: due bidoni legati ai lati della bicicletta. Voltiamo l'angolo e ci troviamo in un campo da cricket ricavato tra i vicoli con la colonna del tempio del quartiere che fa da *wicket*, il bersaglio che il lanciatore deve colpire e il battitore proteggere. Lo scugnizzo è ovviamente un lanciatore fenomenale e mi sfida a impugnare la mazza. Ho gli occhi di tutto il quartiere puntati addosso. Lancio... La palla rimbalza davanti a me, giro quella specie di mazza che usano in questo sport e sento il botto: l'ho presa! La palla rimbalza sul muro della casa di sinistra e finisce sul tetto di quella di destra. Indeciso se fare un giro di campo trionfale e chiedere scusa, guardo lo scugnizzo in attesa di istruzioni. Lui mi fa: «Tranquillo, abbiamo le chiavi di tutte le case dei dintorni per queste evenienze». Salutiamo la squadra e proseguiamo il giro. Avrei voluto sapere se avevo fatto un punto ma pare che nel vicolo non ci siano regole certe. Arriviamo alla quarta casta, i lavoratori, la casta più bassa. Mi porta nella piazzetta dove sorge un grande albero: è il tempio più importante del quartiere. «L'albero, mi spiega, è molto importante per la comunità, dalle sue foglie ricaviamo alcuni medicinali molto efficaci, sai, qui la gente non può permettersi le medicine ufficiali, costano troppo». «E poi non sono buone come le nostre», aggiunge. «Lo spiazzo che vedi di fronte al tempio invece è per le udienze. Ogni casta ci tiene a risolvere i propri problemi da sola, ritengono una sconfitta rivolgersi alla polizia, che poi è talmente corrotta che non fa altro che peggiorare la situazione. Le dispute si svolgono qui di fronte al tempio, così nessuno mente. Gli anziani del quartiere ascoltano le varie parti e decidono per il meglio della comunità. Sembrerà antiquato ma funziona, non abbiamo mai avuto bisogno di chiamare la polizia. Ogni casta ha ovviamente il suo albero, il suo tempio delle udienze e i suoi giudici». «Hanno anche il loro barbiere», annuncia invitandomi a provare quello della sua casta. Raggiungiamo il fattore che nel frattempo ha fatto la spesa. Breve viaggio in moto in tre, ognuno con qualche sacchetto pieno di verdure, carne, spezie o il liquido diabolico. Usciamo dal paese costeggiando alcuni templi in rovina, percorriamo uno stretto sentiero in mezzo a campi di grano dove vedo solo donne al lavoro, e raggiungiamo una piccola casa in mattoni nudi col tetto di paglia presso una radura ombreggiata. Due uomini ci stanno aspettando.

Seduti su una stuoia all'ombra della veranda cominciamo a preparare il pranzo. Uno dei fattori dirige le operazioni, io eseguo gli ordini, gli altri bevono il liquido ignobile. Mentre trovo il padrone di casa sempre più sgradevole e arrogante, mi affeziono alle sue maestranze che ci stanno preparando il pranzo. Uno ha accuratamente pulito una pietra piatta che sta ora usando come mortaio per la salsa di verdure, mentre l'altro accende il fuoco con la legna raccolta nei dintorni prima di dedicarsi alla miscelazione delle spezie. La preparazione è lunga e laboriosa, ma il risultato è straordinario! Il montone più buono del mondo! Mangiato con le mani, seduti per terra, con il pane indiano fatto all'istante, cotto prima alla piastra e poi nella cenere arricchita dallo sterco di vacca bruciato assieme alla legna. E ovviamente bevendo il vino che fa bene.

Il mio entusiasmo e i miei ringraziamenti sono tutti per i due uomini che hanno fatto il lavoro. Purtroppo non riusciamo a capirci, le parole che escono dalle nostre bocche hanno un suono estraneo, ma in fondo bastano gli sguardi per dire le cose essenziali. Lo scugnizzo mi avvicina per chiedermi com'è andata, se mi è piaciuto. È un buon ragazzo, anche se il suo lavoro è prendere - dovrei dire portare - in giro i turisti. Lo ringrazio sinceramente per l'esperienza che mi ha fatto vivere, ma non riesco a trattenermi dall'aggiungere: «È un peccato che questi non siano incontri basati sulla reciproca curiosità di conoscersi e non sull'opportunità di fare dei soldi», alludendo alla somma spropositata che mi avevano chiesto per fare la spesa. Lo scugnizzo è intelligente, ha capito. Non mi interessa la cresta che ha fatto sulla spesa, spero solo che abbia capito davvero. Perché Bhaiya è un buon cinno, come diremmo nella mia città.

È ora di andare. Saluto tutti con affetto e riconoscenza. Quando mi avvicino al più anziano dei due che hanno preparato la cena, sento che mi sta parlando con un inglese stentato. Gli chiedo di ripetere. Mi sta invitando a casa sua a conoscere la sua famiglia. Bahiya mi chiama, invitandomi a salire in moto. Io lo ringrazio con tutto il cuore, mi giro e vado via. Nella vita capita di fare cose che non vorresti. Ti capita a volte perché sei pressato dalle circostanze e prendi una decisione affrettata. Una decisione sbagliata. A volte capita di fare sbagli da nulla che dimentichi in fretta, altre volte no. Lo senti subito, ti rendi conto che quella decisione affrettata ti peserà davvero. Per un indiano invitarti a casa a conoscere la sua famiglia è un gesto importante, vuole comunicarti affetto e rispetto. E io l'ho ignorato.

Le giornate sui Ghat di Varanasi
Varanasi, Uttar Pradesh

I Ghat sono le scalinate che portano al fiume. A Varanasi, o Benares, sono alte e continue, come le tribune di uno stadio enorme costruito per vivere la magia di un fiume, un evento senza fine. L'altra sponda è deserta, sabbiosa e pallida come un miraggio. I vecchi palazzi che ornano la riva hanno un aspetto sontuoso e malinconico. Sembrano abbandonati, andati in pensione quando i commerci del fiume hanno preso altre vie e i mercanti che li abitavano sono scomparsi. Durante la stagione delle piogge i Ghat sono quasi inaccessibili: l'acqua arriva alle prime case, dove le scale continuano tra vicoli della città vecchia. Durante la stagione secca invece sono pieni di vita, dall'alba a notte inoltrata. Se ti fermi a osservare, vedi di tutto: uomini e donne che si lavano nella foschia mattutina compiendo i loro riti, silenziosi e assorti; maestri d'ascia che riprendono il lavoro abbandonato la sera prima; mucche che vagano svogliate e pigre. Gli escrementi e lo sporco, gli odori acri e forti, i profumi intensi degli olii e dei fiori di una cerimonia appena conclusa, la nenia dei credenti che leggono in coro un testo sacro seguendo il sacerdote alla loro testa, i colori dei panni stesi ad asciugare sulle scale, l'arancione dei devoti, i turbanti dei santoni, gli schiamazzi dei bambini impegnati a giocare a cricket, il calore delle pire che bruciano, i richiami dei barcaioli che offrono i loro servizi, la piccola folla riunita attorno a un santone seduto a gambe incrociate su una piattaforma di legno protetta dal sole da un enorme ombrello, altri santoni in attesa della loro corte, un abitante dei Ghat che si allunga le membra dopo una notte passate sulle scale e si prepara la colazione estraendo il necessario da una cassa di legno chiusa da un lucchetto, la sua casa. Le prime ore, i primi giorni, disorientano un occidentale: non capisce come facciano a lavarsi in quelle acque putride. Credono veramente che i loro panni siano più puliti lavati in quella gigantesca lavanderia e messi ad asciugare sulle scale sporche e coperte di escrementi di mucca? Cosa ci trovano in quei santoni? La maggior parte sembrano impostori o ciarlatani abili nel trarre vantaggio dall'ingenuità della gente? Lo stomaco si chiude, si respira a tratti, la mente si blocca.

Su un Ghat straordinariamente pulito troneggia un manifesto che annuncia l'operazione di restauro realizzata da una organizzazione locale. Per assurdo questo Ghat è vuoto, nessuno si lava, nessuno prega, nessuno gioca, le mucche lo disdegnano, come se avessero perso il suo potere, il suo ruolo sulle rive del sacro fiume. Più in là dei bambini stanno disponendo con ordine e attenzione su un muro inclinato delle rotelle di sterco di vacca. Devono seccarsi bene per poi essere vendute come combustibile. Questo era facile da capire, il resto no.

Mi siedo sugli scalini più alti di un Ghat che sembra uno stabilimento balneare, i gradini si interrompono in piazzole dotate di ringhiera dove trova spazio tutta la famiglia e dove possono asciugare i loro panni senza doverli appoggiare a terra. Mi raggiungono incuriositi alcuni bambini, seguiti presto da altri. Seguono le presentazioni di tutti ma nella nostra conversazione non riusciamo andare oltre il nome. Solo alla domanda perché non siete a scuola, rispondono in coro: «Holiday!». E che vacanza è? Non si sa. In fondo anche da noi ai bambini importa poco che vacanza sia, basta stare a casa da scuola ed è subito festa. Riusciremo mai a inventare una scuola dove i bambini si divertono davvero?

Uno dei Ghat principali è teatro di una colorata cerimonia ogni sera al tramonto. I resti dei fiori sono ovunque, l'odore è intenso e molto piacevole. Ogni sera centinaia di persone si radunano su queste scale e, soprattutto, sulle barche ormeggiate di fronte. Alcune hanno addirittura un doppio ponte, per consentire una vista migliore ai fedeli VIP. Tutte le barche sono sponsorizzate da compagnie telefoniche e banche. Che sia ancora la mia mentalità occidentale che fa sparire la sacralità di un luogo alla vista di un marchio commerciale?

Poco dopo incontro un gruppo che avevo notato ore prima, solo che ora è cresciuto. Sono seduti uno di fianco all'altro, gambe incrociate, abito bianco, testa scoperta. Di fronte a ognuno di loro si trova una piccola stuoia che ospita in rigoroso ordine delle palline di pasta chiara, delle spezie colorate, un recipiente di rame con dell'olio. Ognuno ha di fronte a sé le stesse cose disposte nel medesimo ordine. Ma non succede niente, tutti conversano tra loro amabilmente tranne gli ultimi arrivati che sono impegnati a disporre le proprie offerte. Mi siedo e aspetto. Ma non succede niente di nuovo. Quando ripasserò di lì saranno tutti spariti lasciando tracce di polvere gialla sulla pietra scura.

L'Assi Ghat è un altro dei teatri per le cerimonie serali. Decido di godermi tutta la scena dai primi preparativi che hanno inizio qualche ora prima della cerimonia. Tre piattaforme sulla riva del fiume, quella centrale più alta, sono ricoperte di stoffa bianca. Su ognuna di esse vengono disposti alcuni bracieri di forma diversa, uno ha chiaramente la forma di un cobra. Il pubblico comincia a sedersi, mi avvicino alla piattaforma centrale. Quattro bimbi stanno passando tra le fila per vendere i fiori con cui fare le offerte al fiume. Arriva il mio turno. Per non scontentare nessuno devo comprare un fiore da ognuno di loro. Negozio il prezzo con la più sveglia che parla un ottimo inglese e che, dopo aver concluso l'affare, mi prende in giro dicendo: «Scommetto che non hai la minima idea di cosa farci adesso con quei fiori!?». «È così, piccolina». «Va bene», sorride sorniona, «dopo torno ti spiego io, vecchio citrullo». Nel frattempo si era unita alla banda una quinta bimba che attira la mia attenzione con un perentorio: «Buy from me now!». «Signorina, le buone maniere dove sono?». Ma lei insiste con il suo: «Buy from me now!». Infastidito dai suoi modi rispondo di no, ne ho abbastanza di questi quattro. La piccola peste prova allora la strada della compassione dicendo che non ne ha venduto neanche uno. Per forza piccola, sei appena arrivata e la cerimonia non è ancora iniziata. Raggiungiamo un accordo: «Se alla fine della cerimonia ne hai ancora, te ne compro uno, promesso, parola di lupetto». E mi bacio due volte le dita incrociate. Quella sveglia mi osserva scuotendo la testa: «Questo è proprio andato», sembra pensare.

Arrivano i tre novizi che celebreranno il rito di fronte al fiume. Indossano delle casacche lunghe fino a mezza gamba con le spalle marcate di colore giallo oro, turbante e fascia alla vita dello stesso colore, pantaloni bianchi e larghi che si stringono alle caviglie, i piedi e le braccia sono scoperti. La carnagione scura e i lunghi capelli neri contrastano decisamente con i colori delle loro vesti. La cerimonia consiste in una serie di gesti ripetuti dai tre sacerdoti all'unisono utilizzando a turno i vari bracieri che sono stati nel frattempo accesi. Accompagnano i loro gesti con un incessante scampanellio e con i versi in sanscrito di qualche testo sacro. Il sacerdote al centro guida il ritmo, gli altri lo seguono nei gesti ma sembrano incerti sui versi, come un calciatore che non ricorda le parole dell'inno e muove la bocca a caso sperando che non si noti. Osservo lo svolgersi della cerimonia piuttosto distratto, così come ho spesso fatto in chiesa le poche volte che ci sono andato. Poi proprio questo paragone mi sveglia dalla mia apatia. Fino a pochi minuti fa il mio cinismo occidentale sotto sotto trovava ridicolo pregare un fiume. Mentre considerava normale chiudersi in enormi cattedrali disegnate per incutere timore, ascoltare un sacerdote che dall'alto ci ricorda che siamo peccatori, che non faremo mai abbastanza per redimerci, e preghiamo una statua di pietra del profeta morto per la nostra salvezza. Qui siamo all'aria aperta, preghiamo tutti assieme, tutti rivolti verso un grande fiume, simbolo della natura in cui viviamo in simbiosi, o almeno dovremmo, che regola il succedersi delle stagioni, simbolo della vita che nasce, scorre, termina e ricomincia. Senza capire la preghiera a cui stavo partecipando, improvvisamente ho sentito uno stato d'animo diverso crescere in me, che non saprei descrivere bene a parole. È stato come respirare l'aria pura dopo un lungo periodo passato al chiuso, sentire i polmoni che si riempiono e la vita che ricomincia a scorrere nelle vene con tutta la sua energia positiva. Non mi sono mai piaciute le chiese, a parte per le opere d'arte. Adesso so perché.

Ora vedo i corpi che bruciano sulle pire come la naturale fine del viaggio, la ricongiunzione con gli elementi, con l'universo. Mentre noi li chiudiamo in una cassa per lasciarli marcire sotto terra. Ricordo con dolore il funerale del nonno paterno quando aprirono la tomba di famiglia e vidi la bara di mio padre abbandonata in quell'anfratto senza luce, senz'aria, coperta di polvere, con il legno che cominciava a marcire. Io non piango mai, non ci riesco, non sono capace. Quella volta non riuscivo a fermarmi, non riuscivo a urlare tutta la pena che sentivo dentro di me. Ora vedo i volti dei parenti attorno alla pira del defunto, sereni nel loro dolore. Entro breve il loro caro si ricongiungerà agli elementi che ci danno la vita, le sue ceneri verranno sparse nel grande fiume che scorre verso il mare. Ora vedo il gesto di lavarsi dei propri peccati con altri occhi, l'acqua che scorre sul corpo. Tutti i riti che ho visto praticare qui coinvolgono sia la mente sia lo spirito. L'acqua comunque rimane sporca per i miei gusti e dovrebbero dedicare la stessa cura che dedicano a lavarsi il corpo a tenere pulito l'ambiente in cui vivono!

La cerimonia è finita. La mia piccola tutrice viene a cercarmi e mi accompagna sugli scalini più bassi. I fiori che mi ha venduto circondano una candela e sono tenuti assieme da un piccolo piattino di cartone. Accendiamo le candele una a una poi mi ordina: «Adesso chiudi gli occhi, pronuncia una preghiera nella tua testa e affidala alle acque del fiume». Il mio rito viene bruscamente interrotto dall'implacabile venditrice ultima arrivata: «Buy from me now! You promised!». «Solo se me lo chiedi gentilmente». E lei caparbia: «Buy now! you promised!», urla sempre più forte. Vediamo chi la spunta tra due testoni così. Per fortuna ci viene in soccorso l'altra bambina, l'unico adulto dei tre. «Perché non compri un fiore da lei?». «Perché non me lo chiede gentilmente!», rispondo cocciuto. «Ma lei non parla bene inglese». «Bene, allora adesso glielo insegniamo un po'». E dopo qualche sforzo riusciamo a farle dire: «Sir, would you like to buy a little flower from me? That would make me happy!». Recitato alla perfezione, compreso il sorriso finale. Ma solo dopo che le ho comprato il fiore la vedo sorridere davvero. «Buona fortuna piccola», sospiro affidando l'ultima candela alle acque del Gange.

In queste giornate passate a bighellonare sui Ghat di Varanasi, ho letto *Sādhanā*, ovvero *La vera essenza della vita*, di Rabindranath Tagore, poeta e filosofo indiano, primo asiatico a vincere il Nobel per la letteratura nel 1913. Il libro contiene i discorsi tenuti da Tagore durante una serie di conferenze all'Harvard University all'inizio del secolo scorso. Con le sue riflessioni, il filosofo tentava di spiegare la cultura indiana e le radici della sua spiritualità al popolo occidentale nella speranza di migliorare la conoscenza reciproca. Facendosi interprete della propria civiltà, affronta temi fondamentali, universali ed eterni come l'amore, il lavoro e la bellezza cercando di sottolineare le similitudini e le differenze tra i due mondi, quello in cui è nato e quello a cui si rivolge. Lo fa in maniera semplice, spontanea, con esempi in apparenza banali ma profondamente efficaci. Leggendolo mi rendo conto di come la nostra civiltà si sia allontanata dalle nostre esigenze di base, quelle su cui costruire una società sana, giusta, felice e prospera, di come il dibattito si sia spostato troppo sulle regole e abbia dimenticato i valori che dovrebbero ispirarle. Senza la pretesa di fare un saggio del saggio, ecco quello che più mi ha colpito.

Le origini. La civiltà indiana nasce ai tempi in cui i popoli vivevano nelle foreste. A differenza di altre popolazioni indigene, tra gli indiani trovavi già dei saggi che meditavano sul significato delle cose della vita e scrivevano i primi testi sacri. Questo avveniva in completa integrazione e simbiosi con l'ambiente in cui vivevano e che gli dava da vivere: la natura. La civiltà occidentale invece è nata tra le mura delle città greche distaccandosi subito dalla natura che li circondava. Il tratto dominante della cultura occidentale è l'individualismo, mentre quello indiano è la spiritualità, l'equilibrio tra l'individuo e l'universo.

La pace e la felicità. Nei suoi discorsi Tagore cita continuamente i testi sacri di tutte le principali religioni dimostrando una conoscenza profonda di ognuno. Lo fa sempre con rispetto senza mai tentare di promuovere la sua religione al di sopra delle altre. Crede che alla base tutte le religioni ambiscano allo stesso scopo: la pace e la felicità del popolo. Allo stesso tempo denuncia con vigore le varie interpretazioni che in ogni religione hanno distorto l'insegnamento dei profeti. Nella storia, numerosi individui, il cui unico fine era il potere sulle genti e non la loro pace e felicità, hanno interpretato a loro comodo l'insegnamento dei grandi profeti dimenticandosi di rappresentarlo con la loro propria condotta di vita. La pace e la felicità non si possono tradurre in regole e riti, vanno ricercate dentro ognuno di noi e l'esempio vivente è il più potente di dogma astratto. Descrive questi cattivi saggi come pescatori che passano la vita a tessere la rete dimenticandosi alla fine di pescare, ovvero tradendo la missione che in teoria si erano dati.

Io e l'universo. Ogni individuo è unico, irripetibile. Nessun potere può toglierci la nostra individualità. L'autostima, la realizzazione personale sono ingredienti utili alla nostra realizzazione come persone, ma molto pericolosi se prendono il sopravvento sull'ambiente in cui viviamo. Tagore infatti non li tratta come due elementi separati, ma simbiotici. La nostra realizzazione come individui va contemplata nel contesto in cui viviamo, va valutata con il contributo che portiamo all'ambiente che ci circonda. La nostra individualità è dannosa e inutile se fine a se stessa. Il nostro io deve essere qualcosa di più grande di noi stessi, in cui anche la natura e gli altri trovano posto.

La gioia. Tagore esalta la gioia come la più potente delle energie, capace di creare tutto e risolvere tutto. La gioia va coltivata come il bene più prezioso. Mentre noi nasciamo nel peccato e passiamo tutta la nostra vita a redimerci, quindi capo chino ed espressione sofferta, lui celebra l'altro lato della medaglia, quella positiva. Attenzione, non sminuisce la sofferenza come elemento fondamentale di un percorso di realizzazione personale, ma cerca di presentarlo enfatizzandone lo scopo più grande. La salvezza è nella gioia di vivere insomma. Tutti noi abbiamo quel seme e lo scopo della nostra vita è farlo germogliare e crescere. Questa missione di vita si chiama *dharma*, che voi, aggiunge, tradurreste in religione creando l'equivoco di vivere secondo le regole quando per noi vivere secondo il *dharma* significa raggiungere la gioia di vivere. La gioia di cui sto parlando non è individuale e personale, non risiede solo in noi. La ricerca della gioia equivale a ricongiungere quella parte di me che esiste negli altri esseri viventi. Ancora una volta, io e l'universo.

Le regole. Quando sembrava aver preso una piega a favore della cultura indiana, si riprende denunciandone gli eccessi. L'eccessiva spiritualità può portare all'inazione, a vivere come uno spettatore passivo, mentre l'azione è importante per la propria realizzazione. Dall'altro lato l'eccessivo individualismo può portare alla sopraffazione del prossimo fino alla tirannia. Entrambi gli eccessi sono sbagliati, dice come gettando un ponte tra i due mondi, per dire possiamo e dobbiamo imparare gli uni dagli altri. Vede i limiti della propria cultura e i pregi della nostra. In questo contesto celebra l'importanza delle regole che è necessario darsi per trovare la vera gioia. Non cambia discorso, la missione di ognuno di noi è sempre quella. Usa un esempio semplice ma efficace: le regole per un giocatore di scacchi sono uno strumento fondamentale per sviluppare le sue qualità e trovare la gioia nel giocare; se non ci fossero regole, non saprebbe come misurare le sue qualità; se ignorasse le regole troverebbe una falsa felicità.

In teoria anche noi sappiamo tutte quelle cose da tempo, ma le ignoriamo, o non le mettiamo in pratica. Ebbi lo stesso pensiero dopo aver letto *L'etica del cittadino* di Aristotele. Oltre a giurare sulla costituzione, i suoi principi e le sue regole, i politici, i dirigenti, gli insegnanti e chiunque abbia un ruolo di spicco nella nostra società, dovrebbe giurare su questi testi per dimostrare di conoscerli a memoria per ottenere l'incarico di responsabilità a cui ambiscono. Forse così avremmo una società più sana, basata su valori sani, che chi ci rappresenta rispetta e tramanda attraverso la propria condotta di vita perché quello è l'unico modo che conosce per realizzarsi come persona.

Una lezione senza maestro
Chhattarpur, Delhi

Kharachi, New York, Bressanone, Chhattarpur... Anni fa una coppia di carissimi amici finlandesi mi annunciano il loro arrivo in Italia per il week end. Deciso a incontrarli chiedo notizie del loro programma di viaggio. Andavano a Bressanone per il ballo annuale degli autori di un blog di filosofia. Se mi avesse risposto così un amico italiano, l'avrei preso per uno scherzo. Invece...

Succede che un professore di filosofia originario di Kharachi, Pakistan, che insegna filosofia alla *Columbia University* a New York, lancia un blog di filosofia. Contenuti molto curati, pubblico selezionato e ristretto. Piano piano cresce e ad Abbas, il fondatore, si aggiungono altri autori. Dopo qualche tempo, qualcuno lancia un'idea: leggiamo e discutiamo i contenuti del blog ogni settimana da mesi, ma non ci siamo mai incontrati di persona. Abbas coglie lo spunto e organizza il ballo annuale del *3 Quarks Daily*, il suo blog. Dopo qualche fortunata edizione del ballo, Abbas, innamorato perdutamente della moglie italiana, decide di sospendere l'evento perché hanno deciso di trasferirsi nella città natale di lei: Bressanone. Il pubblico del blog, dopo un paio di anni senza il loro ballo, comincia a protestare sempre più vivacemente, fino a che Abbas si arrende e organizza il ballo annuale a Bressanone: un evento unico e irripetibile. Gli invitati arrivano da tutto il mondo: San Francisco, New York, Boston, Londra, Helsinki, New Delhi e... Bologna! Nella vita capita di non sentirti all'altezza della situazione, le persone che ti circondano ti appaiono più intelligenti e interessanti di te, quello che dici ti sembra stupido e banale. Poi ti accorgi che le persone veramente intelligenti sono anche umili e curiose. In quell'occasione conobbi Adytia e Nita. La sera del ballo avevano indossato abiti tradizionali indiani: erano belli, eleganti, regali. Stupendi.

Sono passati diversi anni da quel week end a Bressanone. Nel frattempo Adytia e Nita hanno fatto due figli e fondato una scuola: *Adianta School for Leadership e Innovation*, dedicata al loro primo figlio e pensata per colmare le lacune dei programmi universitari e post universitari, a loro avviso troppo tradizionalisti e poco adeguati a formare la classe dirigente del futuro. La scuola è a Chhatarpur, un sobborgo di Delhi. Il primo anno hanno avuto quattro studenti, il secondo sette, il terzo dodici e ora puntano a venti. Parallelamente ai corsi della scuola, danno supporto alle start up che valutano interessanti integrando lo sviluppo dei progetti dei giovani imprenditori con le attività degli studenti. Mi raccontano con orgoglio che un paio dei loro progetti hanno ricevuto un premio prestigioso a Palo Alto, California, sede della Stanford University, la valle delle start up.

Adytia e Nita mi invitano a visitare la loro scuola in occasione del mio passaggio a Delhi, non per dare una lezione, ma per passare una giornata con gli studenti. Non vedo l'ora. Sono una decina, mi osservano silenziosi e composti, dopo essersi presentati gentili e educati come sanno essere gli indiani. Rispetto a esperienze simili già avute in Europa e in America, stavolta sento il timore di deluderli, come se fosse più importante, come se loro avessero meno chance di quelli che vanno alle varie *Bocconi*, *HEC*, *Harvard*, ecc. Racconto le mie vicende professionali e personali cercando di condividere quello che ho capito dalle mie esperienze, sia positive, sia negative. Poi passo la palla a loro perché non diventi un monologo noioso. All'inizio sono titubanti come se il fatto che il loro curriculum professionale sia ancora vuoto impedisse loro di dire qualcosa di interessante. Li costringo a evitare gli elenchi di fatti e a concentrarsi su quello che hanno capito dalle loro esperienze e su cosa li preoccupi o li affascini del futuro che li aspetta. La conversazione migliora. C'è l'artista che crede che l'arte sia un valore importante ma che non vada necessariamente recluso in quel mondo. La laureata in filosofia che vuol fare giornalismo perché crede che il mondo dei media stia prendendo una piega troppo superficiale. Quella che ha fatto di tutto, continua a fare di tutto e ha paura di non concludere niente. L'avvocato appassionato di tecnologia. In generale sono tutti confusi, preoccupati per il futuro, ma pieni di energia! Sana! Sono entusiasti e curiosi. Qualcosa in comune in fondo l'abbiamo: non sappiamo ancora cosa fare da grandi. Non saprei dire cosa possano aver imparato da me. Ad aver fiducia in se stessi, forse. Perché di questi tempi incerti - e in questo senso andrà sempre peggio - l'unica fonte di certezza sei tu, le tue capacità, la tua esperienza e la tua voglia di imparare sempre. Che non è tanto importante trovare la risposta giusta, piuttosto bisogna continuare a farsi domande e quando pensi di essere 'arrivato', significa che il tuo cervello si è rotto.

Il pomeriggio lavoriamo assieme al piano di lancio di un paio di progetti: una piattaforma digitale che raggruppa le organizzazioni umanitarie che hanno bisogno di aiuto e le persone che vogliono dedicare un po' del loro tempo ad attività di volontariato, la piattaforma li aiuta a trovare la struttura adatta alle proprie qualità e scegliere il tempo che sono in grado di dedicare all'organizzazione prescelta; l'altro progetto è un amico virtuale che aiuta chi compra online a individuare velocemente possibili rischi nelle condizioni d'acquisto che vengono accettate quasi sempre senza leggerle. La prima è un'idea dell'artista, la seconda ovviamente dell'avvocato.

È stata una bella giornata conclusa con una birra in giardino con Adytia, Nita e gli studenti. La sera in albergo ricostruivo mentalmente il percorso che mi ha portato a viverla, da Kharachi a New York, da Helsinki a Bressanone, da Bologna a Chhatarpur. Un filosofo pakistano, un designer finlandese, una coppia di coraggiosi indiani e degli studenti pieni di entusiasmo. S'impara qualcosa da tutti, sempre e ovunque.

Uno straordinario uomo comune
New Delhi, Delhi

Arvind Kejriwal è uomo di quarant'anni o poco più. Non è un politico, è un uomo comune, parole sue. Dopo una carriera nell'industria privata tra Bangalore e Calcutta, approda al Ministero delle Imposte a Delhi. Tutti gli indiani sanno che la corruzione è presente nel loro paese, ma Kejriwal si rende conto di quanto la corruzione sia diffusa a tutti i livelli solo quando comincia a lavorare per il governo.

Un uomo comune è semplice e onesto. Kejriwal non può rimanere passivo di fronte a una piaga così grande che paralizza lo sviluppo del suo paese ma soprattutto, che crea ancora più distanza tra ricchi e poveri, tra chi ha potere e chi no. Lascia il lavoro e fonda un movimento popolare per combattere la corruzione. Il movimento promuove diverse iniziative come lo sciopero contro le bollette del gas e della luce, cifre irrisorie per i benestanti, impossibili per i poveri; oppure una linea telefonica dedicata per denunciare gli episodi di corruzione. Ma presto si rende conto che il movimento non basta, deve decidersi a entrare in politica.

In India ci sono due partiti storici, il *National Congress Party* e il *BJP* o *People's Party*. Ci sono sempre stati, solo loro, come i Democratici e i Repubblicani negli Stati Uniti. Kejriwal fonda il suo partito e lo chiama *Aam Aadmi Party*, che significa il partito dell'uomo comune. Gli altri partiti hanno come simbolo la ruota e il fiore di loto. Lui sceglie una scopa, una ramazza. Il suo messaggio è semplice: spazziamo via la corruzione, riportiamo i bisogni dell'uomo comune, non delle élite, al centro della politica. Il suo partito si candida alle elezioni per il parlamento di Delhi, lo stato più importante dell'India. Le risorse per la campagna elettorale sono minime. Kejriwal non fa comizi, non va in televisione. Con la sua piccola utilitaria blu, un po' ammaccata, gira per i quartieri e parla con la gente. Ai politici o giornalisti che chiedono di incontrarlo risponde che non ha tempo, se vogliono parlargli che salgano in macchina con lui. Anche le riunioni di partito si svolgono nella sua macchina. Ma l'ostruzionismo della politica più smaliziata è più efficace del suo impegno, è più potente della sua piccola macchina blu. Alle elezioni prende un pugno di voti. A sorpresa decide di abbandonare la politica, denuncia tutte le manovre della vecchia politica ai suoi danni e cede le armi: al potere non interessano le esigenze dell'uomo comune, al potere la corruzione è utile! Le due ragazze che mi hanno raccontato la sua storia, mi dicono di quanto fu grande la delusione di tutti, lavoratori e studenti, quando sentirono la notizia. La speranza che Kajriwal aveva portato era svanita nel nulla, così com'era venuta.

Passano gli anni. Quando sta per scadere il mandato del governo in carica e vengono annunciate le nuove elezioni, Kejriwal all'improvviso si ripresenta: stesso partito, stesso simbolo, stesso programma, stessa piccola utilitaria blu. In quegli anni nulla era cambiato, come vuole la vecchia politica dei privilegi. Il nemico era sempre lo stesso, non serve una nuova strategia, non sono più credibili. L'entusiasmo è alle stelle. Il partito dell'uomo comune sbaraglia la concorrenza e ottiene 67 seggi su 70! Vince le elezioni con il 96% dei voti! Tra le sue prime iniziative potenzia la linea diretta per denunciare gli episodi di corruzione, assicura provvedimenti rapidi e decisi, e invita la popolazione a non opporsi ai ricatti: «Subiteli, registrate tutto con il telefono e denunciateli». La linea diretta per denunciare gli episodi di corruzione è in grado di ricevere 10.000 chiamate al giorno. Nello stato di Delhi vivono circa 28.000.000 di persone.

Il giorno dopo vado a visitare il memoriale di Gandhi, il luogo in cui è stato ucciso. Questo strano paese, ricco di contraddizioni, con problemi insormontabili, riesce ancora a mettere al mondo uomini straordinari. O meglio, uomini comuni con qualità ordinarie come l'onestà, l'umiltà e la determinazione.

Da noi non succede più. A noi quelle qualità sembrano straordinarie.

Keynes e Alibaba
Mumbai, Maharashtra

John Maynard Keynes era un cervello fine, membro della *Cambridge Society*, padre della macroeconomia. Ha dedicato la vita a studiare le leggi che regolano, o dovrebbero regolare, le dinamiche del mercato. Poi un giorno ha detto: «Il capitalismo non è intelligente, non è bello, non è giusto, non è virtuoso e non mantiene le promesse. In breve, non ci piace e stiamo cominciando a disprezzarlo. Ma quando ci chiediamo cosa mettere al suo posto, restiamo estremamente perplessi.» Ecco, i bazaar indiani ti procurano una simile, estrema, perplessità. Eppure funzionano, o almeno sembra.

Rispetto ai suk arabi sono, se possibile, più caotici. I più vecchi hanno la stessa struttura a labirinto, ovvero devi esserci nato per non perderti. Questi li trovi nelle città dominate dai musulmani. Nelle vecchie città indù invece erano a griglia, struttura poi ripresa da qualche regnante mussulmano particolarmente creativo, come il sultano di Jaipur. Le attività commerciali vanno a gruppi: i fiori, le spezie, gli abiti, i tappeti, olii e incensi, gioielli. Ma ci sono anche le eccezioni. A Old Delhi trovi in fila un negozio di avorio chiuso, uno di materiali da costruzione, un calzolaio, un gioielliere e un altro che ti vende inviti personalizzati per il matrimonio. Qua e là trovi anche un barbiere di strada: uno specchio attaccato a una colonna e uno sgabello. Ecco un business, alla faccia di Keynes.

Ma quello che rende questi mercati così caotici è il traffico. Nei suk si va a piedi, qui no! Mucche, capre, pedoni, carretti a due ruote, a quattro, *rickshaw* a pedali, a motore, motorini, biciclette. Molto di tutto. Nei suk il venditore aspetta paziente la vittima predestinata a cadere nella sua trappola come un pescatore appostato sulle rive del fiume, chiacchierando annoiato con i proprietari delle altre botteghe. Il suk è una partita a scacchi: mossa, pausa, mossa. Il bazaar è diverso: gli schiamazzi senza tregua della borsa, la gara mortale degli spermatozoi, un videogioco impazzito, le puzze e gli odori. *Rickshaw* a pedali che s'incastrano uno nell'altro nel tentativo di passare per primi, per vincere chissà cosa se non pochi metri di vantaggio. Carretti di banane alternati ad altri carichi di mattoni. Un altro *rickshaw* si trascina lento con il suo passeggero e le sue mercanzie. Tutti suonano il clacson all'impazzata mentre i pedoni danzano tra gli ostacoli, se ti fermi o ti distrai, sei morto. Nel bazaar c'è una vita frenetica, c'è un'economia così confusa che il povero Keynes farebbe fatica a catalogare. Ma resiste! Tutt'attorno crescono centri commerciali, franchising, boutique alla moda e tutte le altre diavolerie prodotte dal capitalismo. Ma il vecchio mercato tiene botta.

A Mumbai c'è il bazaar dei ladri, nato per vendere refurtiva di tutti i tipi: la borchia di una macchina di un maharaja, mobili inglesi trafugati a qualche mercante, pezzi di templi indù. Oggi è tutto in regola, ma la merce sembra la stessa. Danzando tra capre, motorini e passanti, incontro Alibaba, anche se non sapevo ancora il suo nome. Stava seduto nella veranda della sua bottega a godersi il fresco di una ventola vecchia e malandata. M'invita a visitare la sua bottega, che vista da fuori sembra un buco di un metro quadrato. Lui non insiste e torna a godersi il fresco della sua ventola cigolante. Torno sui miei passi vinto dalla curiosità.

L'ingresso inganna: pensi ti basti mettere dentro il collo per farti un idea. Ma poi vieni risucchiato nell'abisso. Statue, statuette, monili, gioielli, vecchie porte, lampade, tutto accatastato a terra e sugli scaffali. Un labirinto senza fine che all'inizio sembrava finisse subito. Purtroppo non ho l'occhio di Paolo che in quel bengodi avrebbe notato ogni primizia. Torno sui miei passi nello stretto passaggio tra la merce accatastata a terra e gli scaffali e raggiungo l'uscita un po' stralunato. Mi siedo di fianco a lui, su uno sgabello che gode del getto fresco della vetusta ma indomabile ventola. Alibaba non è il suo vero nome, scopro, ma gli piace, si adatta bene al suo negozio, aggiunge contento. Dà sfoggio al suo orgoglio invitando i passanti a visitare la grotta di Alibaba senza grossi successi. Due ragazze europee gli passano davanti perplesse. Lui le guarda incuriosito come per dire: «Ho detto qualcosa di strano?». Rassicuro le ragazze: «Entrate, merita!». E loro accettano, mentre io tratto la mia commissione nel caso che le due turiste comprino qualcosa. Ma Alibaba devia il discorso e comincia a parlare del clima e dei prodigi della sua ventola. Siamo appena all'inizio della brutta stagione, che per loro è la primavera, ma poi arrivano le piogge e torna il fresco. «Ma quanto piove?», chiedo. Alibaba fa un gesto con la mano indicando il livello che raggiunge l'acqua. «E il negozio?». Spallucce... Ora capisco il casino che c'è là dentro! Ogni anno l'acqua solleva tutto, lo mescola e quando se ne va, si tratta solo di creare un nuovo sentiero per i passanti che Alibaba riesce a deviare nella sua caverna. Se vogliono. Se no, pazienza.

Nel bazaar dei ladri hai la sensazione di poter vendere di tutto, vecchio, vecchissimo, rotto o inutile. Basta aver fiducia, sedersi e saper aspettare, tu, la tua merce e la tua ventola, vecchia ma indomita.

Faccio fatica a immaginare due mondi così distanti tra loro: John Maynard e la *Cambridge Society* e Alibaba e il bazaar dei ladri. L'India in fondo è questo: un mondo a parte, nel bene e nel male.

CAMINO PRIMITIVO

Pellegrinaggio a Santiago de Compostela

Da chiesa (casa mia) a chiesa (la Cattedrale di Santiago) sono 1965 chilometri, dice Google. Come la mia data di nascita. Mi sembra un ottimo auspicio.

Nota: il Camino Primitivo parte da Oviedo e attraversa le montagne, mentre gli altri, il Camino Francese, il Camino del Norte, di Madrid, de la Plata, il Camino Portoghese o quello Inglese, seguono le valli o la costa. Si chiama così perché è il primo: quando vennero scoperte le spoglie di San Giacomo sulla collina dove oggi sorge la Cattedrale di Santiago de Compostela, il Re delle Asturie, Alfonso il Casto, partì in pellegrinaggio verso il luogo. È noto per essere il più duro tra i vari cammini per i dislivelli da superare. Ma anche il più bello, perché i luoghi che attraversa sono più selvaggi e perché i pellegrini che si avventurano su quel percorso sono pochi e gli *hospitaleros* più disponibili.

La preghiera
Día uno, Oviedo

Per entrare nella parte del pellegrino, sono entrato in chiesa per una preghiera. Mi inginocchio un po' in disparte come un intruso e tento di ricordare il testo del Padre Nostro... tre versi a malapena. Ave Maria... due! Temendo di essere cacciato e che mi ritirino la *Credential* del pellegrino, improvviso la *Preghiera del Pellegrino Principiante*:

«Caro Dio, mio Dio
o comunque ti chiamano
Signore, Shiva o Manitù
sai quaggiù nessuno si ama più
secondo me l'avevi pensata bene
ma poi le cose sono andate male
a forza di parlare e di disfare
ci siam scordati che ci avevi detto di fare

amore e compassione
solidarietà e comunione
son parole che suonan belle
ma oggi sembrano frittelle
tutte tonde ma bucate
ci avessi mai un altro figliolo
o anche solo un nipote sveglio
ce lo mandi a dar l'esempio
ci serve proprio uno che conta
ma soprattutto che sia buono
che qui chi conta
non è più buono
ora vado da Santiago
e che la pace sia con tutti.
Amen, Inshallah, Namaste, Ultreya»

La enfermeria en marcha
Dia dos

Passando davanti alla statua di Re Alfonso il Casto, il primo pellegrino che andò a Santiago, osservo divertito un'improbabile, allegra e colorita combriccola di pellegrini in posa per la foto di gruppo. Quando una di loro si stacca e si avvicina a me con uno squillante: «¡Buen camino pellegrino!». Non faccio in tempo a risponderle che lei aggiunge: «¿Hay una dulceria rica por aqui cerca?» ...ohibò, non lo so, ma mi dispiace deluderla. Rita, scoprirò dopo il suo nome, è una donna sui cinquanta, bionda rotonda e sorridente, fa l'infermiera alle Canarie ed emana un'energia contagiosa. Quindi rispondo: «¡No se, pero vamos a buscarla!». Non che ne avessi voglia, ma l'idea di cominciare un pellegrinaggio con un peccato di gola era allettante. Vaghiamo per i vicoli, chiediamo ai passanti, annusiamo l'aria, ma niente, non troviamo la *dulceria* che soddisfi le papille di Rita che nel frattempo viene richiamata all'ordine da una telefonata del suo gruppo. Saluto la mia fata della *dulceria* e mi siedo nel primo bar a far colazione. Vedo il gruppo di Rita attaccare festante il vicolo che porta al sentiero del Camino. Mi chiedo se li rivedrò.

Verso le due dopo una salita impegnativa tra campi e mucche arrivo a Venta Del Escamplero sulle montagne che circondano Oviedo. L'unico ristorante del paese ha alcuni tavoli all'aperto, gli unici clienti sono arrivati a cavallo. Mentre chiedo all'oste se può timbrarmi la *Credential*, vedo arrivare un gruppo di pellegrini, improbabili, allegri, colorati... Poi appare lei: Rita! Ma com'è possibile? «Siete partiti prima di me? Arrivate solo ora?». Rita sta per rispondere quando un suo compagno di viaggio spiega: «Dobbiamo fermarci ogni volta che Rita vede un albero grande perché vuole abbracciarlo e noi dobbiamo aspettare che abbia finito!». Rita annuisce orgogliosa e aggiunge: «Sono lì belli, fermi, imponenti, non chiedono niente e danno tanto. ¡Me gusta muchísimo abrazarlos!». Come darle torto.

Scopro che sono tutti infermieri, tutti di Gran Canaria, dai trenta ai sessanta. Si sono conosciuti camminando sulle montagne delle loro isole e hanno cominciato a organizzare viaggi per camminare tutti assieme in giro per il mondo. «Enfermeria en marcha», esclama Rita.

I primi pellegrini che ho incontrato sono molto diversi da

quelli che mi aspettavo. Ma mi hanno messo di ottimo umore, anche se tra me e me pensavo: «Se li avessi incrociati altrove, non ci saremmo mai parlati».

Buen Camino a Rita y a todos los otros. ¡Viva la enfermeria en marcha!

E adesso?
Dìa cuatro

Sveglia alle sei, oggi tappa lunga e difficile. M'incammino lungo la strada che porta all'imboccatura del sentiero che sale prima tra i boschi, poi lungo il crinale della montagna fino a 1.200 metri. Sono in mezzo alle nuvole, la visibilità è bassa e pioviggina. Ogni tanto intravedo sagome davanti e dietro di me, ma poi mi superano e resto di nuovo solo. Questa è la variante vecchia che va da Borres a Puerta del Palo, quella che facevano i pellegrini una volta, sul crinale. È più breve ma più esposta alle intemperie. Il Camino è ben segnato, vedo la freccia gialla ogni venti metri. Molti hanno scelto la variante di fondovalle, con questo tempo è più sicura. Procedo per diverse ore nell'erba alta e bagnata, le mie scarpe sono fradice. Ma è bello stare tra le nuvole, per una volta non solo con la testa.

Raggiunto il passo, finalmente il cielo si apre e comincia la discesa. Mancano nove chilometri a Berducedo, il paese dove passerò la notte. Scendo allegramente lungo il sentiero di pietra che porta verso la valle quando inciampo: la scarpa sinistra si è aperta in due, la suola si è scollata fino a metà piede. Faccio pochi metri camminando sui talloni pensando se potrò mai arrivare al paese in quelle condizioni, quando si apre anche l'altra.

E adesso?

Nello zaino ho solo delle bende e delle mollette per il bucato. Che faccio? Se fossi in moto, mica l'abbandonerei se si rompesse. In qualche modo farò, ma voi due venite con me fino a Santiago! Chiaro?

Giochiamo a Google Translator?
Dia cinco

Quando cominci il Camino Primitivo scegli un turno, senza saperlo. Le tappe sono in qualche modo forzate perché i luoghi che attraversa sono piuttosto disabitati, quindi finisci per incrociare spesso le stesse persone. C'è chi si alza presto, parte per primo e va piano. Chi parte dopo e va più in fretta. Anche se passi la maggior parte del tempo per i fatti tuoi, ogni tanto ti superano oppure ne raggiungi uno che fa una sosta. Sembra una staffetta senza regole. Alla fine ci si ritrova tutti al villaggio successivo. Qualche faccia nuova, qualcuno manca all'appello, ma quelli col passo regolare ci sono tutti: francesi, coreani, tedeschi, americani, cinesi, belgi, svedesi, italiani e ovviamente i padroni di casa, gli spagnoli. Poi salta fuori un italiano con le scarpe rotte che propone: «E se anziché il solito menù del pellegrino ci facessimo un piatto di pasta stasera? Pasta con le sardine!». Le facce esprimono più dubbi che entusiasmo, ma per cortesia, o timore del solito cibo, accettano volentieri.

E così un gruppo variopinto di pellegrini moderni si trova seduto attorno a un tavolo alla ricerca di una lingua comune che non si trova. Senti un tedesco che spiega in francese cosa stanno dicendo in spagnolo una cinese e un catalano, mentre un'americana, già soprannominata *the Wisconsin express* per il passo spedito, e una svedese si fanno i fatti loro nell'angolo con il loro inglese impeccabile. Un italiano e uno spagnolo si divertono a immaginare le battutacce sulla *concha* (la conchiglia simbolo del cammino) che un argentino potrebbe inventare lungo la strada (per loro la *concha* è un'altra cosa). La coreana nell'angolo opposto cerca di afferrare il senso di qualche conversazione interrompendo a volte gli interlocutori per chiedere di ripetere una determinata parola. Ascolta attentamente, la digita sulla versione coreana di Google Translator e immancabilmente sghignazza. Chissà cosa ha capito.

Adesso sanno che la pasta con le sardine è buona. Poi non saprei dire se hanno compreso molto di quello che abbiamo tentato di raccontarci. Il bello era che non stava zitto nessuno, per tutta la serata tutti si sono dati un gran daffare per farsi capire in qualche lingua o per aiutare gli altri facendo da interprete.

Sono contento di averli messi a sedere attorno a un tavolo a giocare a Google Translator. Viva la pasta!

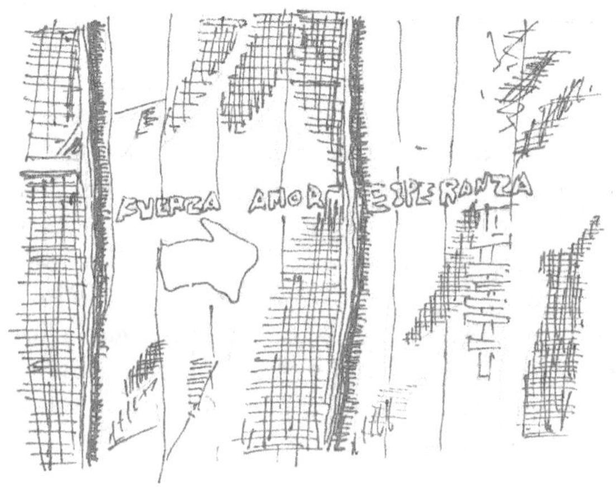

Fuerza, amor, esperanza
Dia siete

Lungo il Primitivo si cammina ogni giorno dalle sei alle undici ore, dai venti ai trenta chilometri, ma soprattutto si sale e si scende di continuo per parecchie centinaia di metri con il sole e con la pioggia. Quando arrivi al villaggio dove passerai la notte sei disfatto. Ti fanno male le piante dei piedi, i tendini, le ginocchia, la schiena. Appoggi lo zaino di fianco alla tua branda, ti lavi, controlli lo stato dei tuoi mezzi di trasporto per assicurarti che non ci siano vesciche in agguato nei punti critici. Poi vai a mangiare da solo o in compagnia a seconda dell'umore e delle persone che hai incontrato quel giorno. Di solito si va nel primo, a volte unico, ristorante che trovi e mangi tutto quello che ti danno come un'idrovora. Alle dieci e mezza svieni, collassi, spegni il corpo. Alle cinque riprendi conoscenza, alle sei cominci a preparati all'idea che devi alzarti. Lentamente ti siedi sul letto e dai inizio al rito quotidiano: preparare i piedi alle fatiche del giorno. La crema per il sudore tra le dita, quella protettiva per le vesciche nei punti sensibili, quella infiammatoria nei punti dolenti. Ogni giorno ridisegni i confini dell'area in cui mettere una crema o l'altra. Poi le calze e infine le scarpe. Ti alzi, tenti qualche esercizio di stretching, ma ti sembra come di voler allungare delle travi di cemento armato. Sollevi lo zaino, lo carichi in spalla e muovi i primi goffi passi. La tentazione di appoggiarsi al muro è forte. Raggiungi l'uscita, respiri a pieni polmoni l'aria fresca della mattina e parti.

Le indicazioni sono sempre chiarissime e in poco tempo sei di nuovo in mezzo ai boschi o tra i campi. Dopo i primi passi stentati, il corpo comincia a scaldarsi e ti muovi più naturalmente. Mezz'ora più tardi le gambe girano da sole e macinano metri su metri come se non avessero mai fatto altro.

Anche oggi la determinazione è stata più forte del dolore. Ma so che domani sarà uguale, se non peggio. Non ho ancora vinto niente. ¡Ultreya!

Lungo il Cammino
Dia ocho

Il Monastero di San Salvador di Grandas de Salima è stato costruito dai Templari, per secoli ha dato alloggio ai pellegrini di passaggio. Stamattina presto, un gruppo di religiosi in viaggio per Santiago ha tenuto la messa nella chiesa dell'ex monastero. Erano otto, a occhio di nazionalità diverse. Quando si sedevano, si alzava l'orlo delle loro vesti bianche mostrando gli scarponcini da montagna che rovinavano un po' la solennità del momento come se fossero degli impostori a tener messa.

Finita la cerimonia, zaino in spalla e si parte. Nel primo tratto della tappa odierna c'è una montagna di 1200 metri da superare. La cima è nascosta tra le nuvole. Mentre arranco sul sentiero in salita, vengo raggiunto dai religiosi compatti che marciano recitando il rosario. Mi superano. Uno di loro viaggia più lentamente, riesco a tenere il suo passo. Padre Beniamino è messicano, gli altri sono tedeschi, olandesi, italiani, irlandesi e francesi, tutti membri della stessa comunità. «La nostra missione è l'educazione, abbiamo fondato diverse università nel mondo», mi spiega Padre Beniamino. «Crediamo che sia fondamentale inserire in ogni forma di educazione il valore del rispetto, della solidarietà, della compassione. Per fare un mondo migliore servono persone migliori, non solo ingegneri, statisti o manager migliori», aggiunge. Ci confrontiamo sull'esperienza del Cammino e ci raccontiamo gli incontri più significativi. Mi commuove quando mi spiega le emozioni che prova quando fa la comunione. Faccio una sosta per controllare le vesciche in agguato e saluto Beniamino: «Che Dio ti benedica», dice lui, «Che la pace sia con te», rispondo io.

La cima della montagna è ancora tra le nuvole, cade una pioggerella leggera, ma quando raggiungo l'altro versante, il cielo si apre e spunta un bel sole. Il sentiero sbuca tra i tavoli all'aperto di *Casa Meson*, l'ideale per una sosta. Tre giovani spagnoli sono già seduti, mi unisco a loro. Compare l'oste, un ometto piccolo e magrolino con un ghigno simpatico. «¿Que quieren?», chiede ai tre. E loro: «¿Tiene cerveza?». Lui: «¡Quilmes!» Loro: «¿Solo?». «Sì, soy argentino de Quilmes entonces aqui se toma solo Quilmes». Raccoglie le ordinazioni e sparisce.

Quando torna sono tutti ansiosi di fargli la stessa domanda: «Ma come cavolo sei finito qui?». «Chicos, sono trentacinque anni che vivo in Spagna, spiega. I primi venti a

Ibiza, il resto qui». Si gira e se ne torna in cucina. I tre ragazzi, eccitati da dai ricordi delle loro vacanze a Ibiza, cominciano a raccontarsi le loro avventure. Quando l'oste riemerge lo bombardano di domande sulle discoteche: «Sei stato in questa, sei stato in quella?». Lui con quel ghigno da scugnizzo risponde: «Chicos, quando io ero a Ibiza, l'*Amnesia* era in una casa di campagna. Le altre le ho viste aprire tutte che voi non eravate ancora nati!». Tiè!

Liquidati i giovani festaioli, rimango solo fino all'arrivo di una ragazza francese che siede per riposarsi. Antonio, l'oste, riemerge dalla cucina e propone un caffè appena fatto, con la moka! Evviva l'Argentina! Carina, la nuova ospite, è preoccupata, pensa di essere l'ultima, che non ci sia più nessuno dietro di lei nella tappa di oggi. Ha sentito di ragazze in cammino da sole aggredite da qualche allevatore nelle zone più disabitate. Le lascio il mio numero e prometto di camminare a vista.

Il sentiero prosegue tra campi coltivati, orti e fattorie. Passando di fianco a una stalla, esce un vecchietto con lo sguardo mite, il basco e gli zoccoli di legno. M'invita a vedere gli oggetti che intaglia lui stesso, piccole sculture strampalate. Me ne regala una: non riesco a capire cos'è, né lui riesce a spiegarlo. Mi giro e vedo Carina in lontananza che sventola il suo bastone: tutto bene.

Di fianco alla fontana di un piccolo villaggio due donne anziane riposano su una panchina. «Buenos dias», saluto io. «Buenos dias peregrino», rispondono loro. Poi aggiungono quasi in coro: «¿Viaja solito?». E io: «No, con mi mejor amigo, yo mismo». Sorridono: «¡Buen camino!».

Arrivo finalmente all'*albergue* dove passerò la notte. Mi accascio sulla sedia all'ombra sotto l'albero di fronte all'edificio. Arriva un uomo in bicicletta, si chiama Cesar, di Barcellona. Cesar aveva un'impresa di costruzioni, ma con la crisi ha perso tutto. La moglie l'ha lasciato per un altro nello stesso periodo. Per vivere ha liberato la casa dove abitava per affittarla e adesso vive in campagna, coltiva l'orto e alleva galline. Sulla bicicletta ha legato un flauto indiano che sta imparando a suonare. Mi racconta tutto questo con una bella faccia serena: solo adesso capisco che quello che mi è capitato è stato una fortuna, stavo vivendo una vita senza senso. Cesar fa il Cammino ogni anno da allora. Ha conosciuto un'altra donna con la quale ha avuto una bambina. Gli chiedo di suonare il flauto ma rifiuta gentile: «Meglio di no, non sono bravo», sorride.

Nel frattempo era arrivata Carina, sana e salva. Mi mostra una foto che mi ha fatto mentre camminavo davanti a lei. «Il mio angelo custode», dice divertita e sollevata.

È stata una bella giornata. E domani, di nuovo in cammino. ¡Ultreya!

Compagni di viaggio
Dia once

Le notti passano in fretta, sono sempre più corte. Alle undici crolli esausto, dormi un sonno profondo per alcune ore ma alle quattro sei già sveglio. È come dormire con il motore acceso e il freno mano tirato: il tuo corpo non si spegne più, deve muoversi di continuo.

Divido la camerata con i religiosi incontrati l'altro giorno, i primi ad alzarsi e partire. Li seguo. Sono il primo a partire dopo di loro. I campi sono coperti da una leggera nebbia. Sta albeggiando, ascolto Ludovico Einaudi, il passo è buono. Dopo un'ora sento dei passi dietro di me. È Katia, *the german bullet*, che mi supera di slancio. Poco dopo arriva Lynn, *the Wisconsin express*. Sono proprio lento!

Il cammino passa tra campi di cavoli e canna da zucchero, poi si butta in boschi di querce. Il sentiero corre sotto il livello dei campi, protetto da muretti di ardesia. All'uscita dal bosco incontro un *mojon*, il pilastro che segna il cammino, dipinto con i colori dell'arcobaleno. Il sentiero fa una curva secca e dietro vedo una casa circondata da una miriade di gatti. Ce ne sono diversi anche sul tetto. Mi fermo a guardarne due che giocano quando sbuca Warren dalla finestra e m'invita a entrare. Warren è un americano gigantesco e matto come un cavallo che non si vedeva da giorni. La padrona di casa, Mapi, offre il caffè ai pellegrini di passaggio. Sulla poltrona c'è Connor, un irlandese che alla fine del Cammino è caduto da una scogliera a *Finisterre*, si è rotto parecchie ossa e ha deciso di aspettare la guarigione a casa di Mapi, dove si era fermato per un caffè. Gli hanno tolto i gessi da poco e non riesce ancora a camminare. Ne avrà per parecchi mesi, dice.

Arrivano gli inseparabili Lolo e Sebastian. Lolo davanti, segna il passo e parla, Sebastian dietro, segue e ascolta. Lolo è di Valencia e non parla inglese, Sebastian è tedesco e non parla spagnolo, ma si sono affezionati l'uno all'altro. Forse non capiscono tutto quello che si dicono, ma non importa. Passano pochi minuti e appare anche Fernando, lo studente del conservatorio. Il caffè è pronto.

Fernando non resiste alla tentazione: impugna la chitarra appoggiata nell'angolo e comincia a toccare le corde. Lolo gli va dietro con un tamburello raccattato da terra. Si scatena una piccola festa, tentiamo anche un impacciato flamenco tra vari balli improvvisati al momento, ma non dura molto perché le gambe in questi giorni servono ad altro. Riprendiamo il cammino ognuno per sé.

Ci rincontriamo dopo poco perché il gruppetto si è fermato attorno a Javier e Marimar, i due giovani fidanzatini. Lei ha una vescica enorme sotto la pianta del piede che la tormenta da giorni e non riesce più a camminare. Sopraffatta dal dolore o dallo stress di sentirsi al centro dell'attenzione, scoppia in lacrime. Gorka il basco, che li aveva raggiunti prima di noi, fa segno di allontanarci e che ci avrebbe pensato lui. Gorka potrebbe tranquillamente caricarsi Marimar in spalla col fisico che ha.

Il cammino riprende e presto mi seminano. Sento due voci che si avvicinano da dietro: sono Kinou e Sara che parlano animatamente. Quando mi raggiungono, m'invitano a unirmi a loro per il pranzo: vogliono fermarsi in una *pulperia* a Melida che pare sia ottima. Mi do da fare per tenere il loro passo. Quando arriviamo, troviamo Katia seduta a un lungo tavolo vuoto e ci uniamo a lei. A poco a poco compaiono tutti gli altri, tutte le facce incrociate in questi giorni che si uniscono a noi occupando il tavolo a cui siamo seduti e poi quelli adiacenti come api che formano un nido per la famiglia. Siamo ormai più di venti quando appare la piccola Marimar sorretta da Javier e Gorka. Esplode un applauso spontaneo condito da ululati e grida. Marimar non piange più, ora sorride, anche se non riesce ad appoggiare il piede a terra.

Beniamino, Gonzalo, Jesus, Jacob, Katia, Lynn, Sebastian, Lolo, Warren, Mapi, Connor, Fernando, Raul, Sara, Kinou, Carina, Antonio, Liu, Suey, Javier, Marimar, Manolo, Oscar, David, Etienne, Rita, Marguerita, Jean-Hervé, Eric, Inma, Peter, Pierpaolo... è strano quanta gente incontri quanto passi così tanto tempo da solo. ¡Ultreya!

Peregrinos variados
Dia trece

Dopo tutti questi giorni di attenta osservazione degli usi e costumi del pellegrino moderno mi sento di raggrupparli in queste categorie.

1. *Peregrino clasico*: ha più di cinquanta anni, barba lunga, pantaloni alla zuava, scarponcini di una marca estinta, calzettoni di lana arrotolati alla caviglia, camicia e basco. Si alza prima di tutti, parte che è ancora buio e arriva per ultimo. Durante il giorno lo puoi incontrare mentre si riposa all'ombra di un albero fumando la pipa o il sigaro. È di solito francese o tedesco.

2. *Peregrino roncador*: è il terrore delle camerate. Gli

esemplari più notevoli quando russano fanno tremare le brande attorno alla propria. Nessuno riesce a dormire: chi cerca di soffocarsi con il cuscino, chi pensa di soffocarlo, chi si rassegna e legge un libro. I più onesti avvisano prima di dormire: «Stanotte darò un concerto, se avete i tappi, usateli!».

3. *Peregrino scientifico*: insegna teologia o storia medievale. Anche se di modi gentili, tra le righe si avverte un senso di superiorità: voi altri non sapete cosa state facendo, che sentieri state calpestando. Amen.

4. *Peregrino high-tech*: fisico atletico, gambe depilate, scarpe da trail-running, abbigliamento leggerissimo e lucido, zaino aerodinamico, orologio con GPS. Lui non cammina a un passo normale, lui corre, quasi. Esistono due sotto categorie del peregrino high-tech, quello *profesional* e quello *social*. Il primo fa due tappe al giorno e arriva a Santiago molto prima di te. Dopo che ti ha superato, non lo vedi più. Il secondo va alla stessa velocità del primo ma si ferma in ogni bar e si fa una birra. Quando gli passi davanti, ti saluta sorridendo e dopo pochi minuti ti risupera. Il primo quando arriva in fondo va in chiesa e dà un cinque al santo apostolo. Il secondo si ferma nell'ultimo bar, compra due birre, va in chiesa e gli offre da bere.

5. *Peregrino orugas* (cingolato): gamba corta e solida, baricentro basso. Quando vede la salita, si eccita, abbassa il culo e ti supera che sembra Wall-E che scorrazza sulle montagne di rifiuti.

6. *Peregrino en pareca*: è un'idea di tutti e due e si vede. Spesso camminano mano nella mano. All'*albergue* li vedi che si prendono cura l'uno delle vesciche dell'altro.

7. *Peregrino inatento* (distratto): sempre perso nei suoi

pensieri, spesso non vede il *mojon* con l'indicazione del sentiero e prosegue beato lungo la strada sbagliata. Lo si può vedere a bordo della macchina di un benevolo abitante dei luoghi che l'ha pescato a qualche chilometro dal bivio che ha mancato e lo sta riportando sulla retta via.

8. *Peregrino cantaor*: convinto di essere solo sul sentiero, si abbandona a canti, ululati e gorgheggi cercando di ricordare i testi delle canzoni dell'autore nazionale preferito. Di solito canta malissimo ma si diverte un mondo. A causa del rumore che fa, non si accorge quando un altro pellegrino lo raggiunge da dietro. In questi casi smette improvvisamente e comincia a fischiettare un motivetto qualsiasi con malcelato imbarazzo.

9. *Peregrino joven*: viaggia in branco, si alza tardi e parte al galoppo. Ti superano sollevando il polverone di una mandria. Li rivedi pochi chilometri più avanti che tirano il fiato. Poi la scena si ripete: sorpasso al galoppo e di nuovo li raggiungi quando si fermano a boccheggiare. La quarta volta senti uno di loro dire: «Forse dobbiamo andare più piano e tenere un passo costante». Poi non li incontri più.

10. *Peregrino graduato*: si è laureato da poco, va a Santiago sperando di capire cosa vuol fare da grande.

11. *Peregrino asiatico*: sì c'è anche lui. E sono tanti. Ovviamente sembrano tutti uguali.

12. *Peregrino Oscar* (disegno): Oscar è un pellegrino atipico, non rientra in nessuna categoria, è un caso a sé. Prima di tutto perché è l'unico pellegrino che viaggia col borsello. Oscar è un simpatico catalano di 110 chili che conosce tutti quelli che sono a un giorno avanti o dietro di lui nel cammino. Il suo zaino pesa quindici chili più l'acqua che consuma al ritmo di un litro ogni cinque chilometri, quindi si fa in media quattro o cinque litri al giorno. Nel suo zaino

porta anche mezzo litro d'olio perché non si sa mai. Sul piano ha un bel passo svelto e parla con tutti e tutto, persone, animali e piante che siano. In salita si pianta letteralmente: quando gli passi di fianco, lo senti bisbigliare «¡Puta de una subida!» e altre imprecazioni varie. In discesa invece non lo batte nessuno: appena vede che il terreno comincia a scendere si butta come una palla da bowling. Un giorno lo raggiungo in una radura di fronte a una piccola chiesa in cui sorge una statua di Santiago. «Che fai Oscar?», chiedo. E lui: «Un selfie con el colega».

¡Ultreya peregrinos!

Era necessario?
Dia catorce, Santiago de Compostela

Della maggior parte delle cose che vuoi fare nella vita, hai un'idea più o meno precisa di cosa succederà, altrimenti non le faresti. Ce ne sono altre, poche, che fai, se le fai, senza un'idea di quel che sarà. Ed è questo il bello.

Quando parti per il Camino ti senti un po' fesso, attraversi la città alla ricerca del sentiero da imboccare vestito mezzo da escursionista mezzo da senzatetto. Ti muovi tra le persone che fanno cose normali tipo andare al lavoro, fare la spesa, mandarsi a quel paese al semaforo. Il Camino non è un trekking. Migliaia di persone da secoli si mettono in viaggio a piedi, lungo lo stesso percorso, verso la stessa meta, dormendo negli stessi posti, mangiando alla stessa tavola. Non passa molto tempo per avvertire una sana e buona disposizione nei tuoi confronti tra le persone che incontri, sia compagni di viaggio, sia abitanti dei luoghi che attraversi.

Padre Beniamino l'ha descritto bene: «Mettersi in cammino vuol dire lasciarsi alle spalle la città degli uomini con le sue regole e i suoi errori». Sul cammino siamo tutti uguali, stanchi e sporchi. Non ci sono ricchi, poveri, giovani, vecchi, italiani, spagnoli, americani, tedeschi. Ci sono solo persone. Tutti ti salutano, scambiano volentieri due chiacchiere che spesso diventano lunghe conversazioni attraverso i campi e i boschi. Ci si ascolta volentieri, nessuno chiede cosa fai, nessuno tiene il telefono acceso, tutti chiedono chi sei, da dove vieni, cosa farai dopo, cosa pensi. Chi ti vede passare t'incoraggia, ti aiuta, ti fa sentire la sua stima. Se ti capita di fermarti a un incrocio indeciso sulla via da prendere, senti subito una voce: «Peregrino, para aqui, esto es el camino». Si dorme tutti assieme in enormi camerate in vecchie case, monasteri o scuole, tutte gestite da volontari. Il letto per la notte costa cinque euro, la cena tra gli otto e i dodici, vino incluso (il pellegrino beve come un alpino!). Tutti fanno attenzione a rispettare gli spazi altrui, tutti puliscono il bagno dopo averlo usato... beh, quasi tutti.

E poi la forza di volontà: nonostante la fatica, le vesciche, il dolore alle gambe, senti che nessuno abbandonerà l'impresa a metà. E che forse dovremmo usare la stessa determinazione in altre cose della vita. E la solidarietà: le tue difficoltà sono quelle degli altri. Che ti serva un po' d'incitamento, un cerotto per le vesciche, acqua o cibo, nessuno t'ignora, tutti si fanno avanti.

Così dopo tutti questi giorni con lo zaino in spalla, le scarpe rotte e i dolori ai piedi, queste facce sconosciute diventano sempre più intime. E lo vedi quando arrivi in fondo, da come si abbracciano tra loro, da come sgorgano lacrime di commozione senza sosta. Una volta ci si metteva in cammino per penitenza o per devozione. Oggi per vacanza e al massimo per un po' di meditazione. Ma è stato bello lasciarsi la città degli uomini alle spalle, con le sue regole e i suoi errori, per tornare a sentirsi un essere umano per un po', solo con te stesso, unito a tutti gli altri, chiunque fossero.

Era necessario. E lo rifarò. ¡Ultreya! ¡Suseya!

GROENLANDIA

In barca a vela

Si salpa
Sudavik, Iceland

L'equipaggio è variopinto. C'è un saudita di Riad, Suliman Al Qualcosa con un mucchio di 'h' e di 'r' qua e là. Sul: «Ma perché vuoi andare in Groenlandia in barca a vela?». «Quando vivevo a Seattle mi piaceva andare in barca», risponde. Gli ho spiegato che si può andare a vela anche a latitudini più basse. Mi ha sorriso come se non capisse di cosa parlavo. «Assalam aleikum Sul, benvenuto a bordo».

C'è Marion, inglese, la vedette della dinette, si prende cura di tutti come una mamma: «Caffè, tè, una fetta di torta?». Cody, americano della California, fotografo. Gli piace fotografare il nord del mondo, le Lofoten, le Svalbarg, mica la Valtellina. Cody non soffre il freddo. Eravamo sullo stesso aereo, siamo arrivati in banchina a Isafjordur assieme, io pantaloni pesanti, piumino e berretto, lui pantaloni corti e maglietta.

Ci sono Natalie e Dave, inglesi. Natalie ha passato dieci anni sulle navi scuola della Marina Inglese, quelle a vele quadre. Dave, il suo compagno, ha i modi posati di un gentleman inglese e fuma la pipa. Ha il look del lupo di mare, ma le storie le racconta lei, storie di mari in tempesta e di bevute solenni, come quella ad Antigua dove per riportare il primo ufficiale ubriaco fradicio a bordo rubarono il carrello di un supermercato che gli scappò di mano sulla banchina e finì in acqua. L'ufficiale si salvò, il carrello no. E ancora Susie, danese. Susie sorride sempre, come sorridono quelli per cui la vita è proprio bella. Sempre. Poi Rachael, Peter, Sara, Bruce.

Trascorriamo i primi giorni gironzolando per i fiordi del nord ovest dell'Islanda in attesa delle condizioni ideali per la traversata dello stretto di Danimarca che ci separa dalla Groenlandia. Le ultime notizie danno la costa ancora circondata dai ghiacci, quindi irraggiungibile.

Passiamo la prima notte alla fonda e la seconda nel piccolo porto di pescatori di Sudavik. Scendo a terra per prendere le cime di ormeggio. Finite le operazioni mi giro e vedo un enorme contenitore pieno di ghiaccio lasciato dai pescatori. Grido alla ciurma: «Ghiaccio! È acqua dolce!». Presto appaiono bottiglie di gin nascoste nelle borse degli inglesi. Che dire? La classe non è acqua! Si affianca una barca di francesi di ritorno dalla Groenlandia: confermano lo stato dei ghiacci, la costa è irraggiungibile. Chiedono se abbiamo un fucile. «Per cosa?», tutti in coro. «Per gli orsi bianchi. Se dovete portare le cime d'ormeggio a terra può servire a spaventarli». Ah, ecco. Ma dove si compra un fucile? Al supermercato, ovvio. E chi lo sa usare? L'americano, ovvio. L'equipaggio si sta specializzando in quello che gli riesce meglio: gli inglesi al bar, gli americani alla sicurezza (loro, non degli altri) e gli italiani... in cucina, ovvio. Stasera lasagne al 65° parallelo.

La tempesta che sta imperversando nello stretto dovrebbe spazzare via i ghiacci dalla costa. Domani dovremmo riuscire a salpare.

Terra in vista!
Stretto di Danimarca, Oceano Atlantico Settentrionale

Quattrocento miglia separano i fiordi islandesi da Tasiilaq, uno dei pochissimi centri abitati della costa orientale della Groenlandia. Dovremmo metterci tre giorni, se il vento è a favore. E invece no, ce l'abbiamo in faccia. In più è nuvoloso e pioviggina. Durante le traversate mi chiedo spesso perché lo faccio. È freddo, brutto, stai male, sei bagnato e sporco, mangi schifezze. Giuro che non lo farò mai più! Ma poi passa e dimentichi i momenti più brutti. Sembrano le promesse che ti fai dopo una sbornia colossale.

Il secondo giorno di navigazione entriamo nella zona a rischio iceberg. Decidiamo di fare i turni a prua per stare di vedetta. Non sono tanto gli iceberg il pericolo, quelli sono così grossi e si vedono da lontano. Ma i pezzi che si staccano, che galleggiano a filo d'acqua, quasi invisibili che possono essere molto pericolosi per uno yacht in vetroresina come il nostro. Il ghiaccio vecchio di diversi anni è duro come il cemento.

È una bellissima giornata di sole e io sono a prua di vedetta felice come un bambino. Lo scafo solca il mare blu sotto i miei piedi, gli uccelli planano a filo d'acqua come a sfidarsi a chi la tira più lunga o chi vola più basso. La nebbia all'orizzonte si sta diradando quando vedo una sagoma... sembra una montagna. «Terra! Terra!», urlo come un'aquila. Macché, era solo il primo iceberg. Una sleppa grande come Capri. Pare che i più grossi arrivino a dieci chilometri di larghezza. Più ci avviciniamo alla costa, più gli iceberg aumentano. Dopo alcune ore ne vediamo a decine, tutti in fila trascinati dalla corrente. Enormi, maestosi, silenziosi. Incutono allo stesso tempo timore e meraviglia. Sembrano cattedrali di un rito estinto in processione verso l'ignoto. Hanno le forme più disparate, dal gotico al minimalista, come se avessero detto a Gaudì: «Fai quello che ti pare, basta che siano bianche». Piccoli e gracili, come sono gli uomini di fronte alla natura, ci passiamo in mezzo senza farci notare.

Verso il tramonto del terzo giorno finalmente avvistiamo la costa, salutati dallo sbuffo di una balena. La natura ha proprio il senso della scenografia. Manca solo l'aurora boreale (arriverà puntuale quella notte). La selva di blocchi di ghiaccio che ci separa dalla terra non ci permette di proseguire, sembra un enorme labirinto senza uscita. Decidiamo di aspettare il giorno dopo per trovare il canale giusto. È quasi fatta.

Storie di mare
Al largo di Tasillaq, Oceano Atlantico Settentrionale

Fallito il primo tentativo di penetrare i ghiacci che circondano la costa, abbiamo passato una notte alla deriva in attesa di ritentare l'attacco la mattina seguente. Ci siamo divisi in turni: *iceberg watch!* Alla deriva va bene, ma lontano da quei molossi di ghiaccio. La notte stimola i racconti, nelle osterie d'inverno, nei cortili d'estate... alla deriva tra i ghiacci quando capita. Divido il turno con Natalie e non posso resistere dal chiederle dei suoi anni sui velieri. Mi racconta come cominciò.

Suo padre ebbe un incidente in moto, molto grave. Da allora vive su una sedia a rotelle. Quando sua figlia compie diciotto anni, le annuncia che l'avrebbe portata in barca, in barca a vela. In Inghilterra esiste un'associazione benefica che possiede due velieri dedicati a questo: dare la possibilità a persone disabili o disagiate di vivere un'esperienza unica. Natalie e suo padre, con la sua sedia e le ruote, s'imbarcano sulla *Lord Nelson*. Natalie mi spiega che a quell'età non le interessava affatto la vela, a lei piaceva il balletto classico. Viene accolta a bordo dal nostromo, poi soprannominata *Peggy the forest* (pare non ami depilarsi), che accoglie la gracile fanciulla sollevandola per il coppino e buttandola giù per il boccaporto seguita dal suo bagaglio e da un perentorio «Benvenuta a bordo principessa». Quell'esperienza la segnò: ci avrebbe passato dieci anni su quella nave, prima come volontaria e poi come marinaio istruttore.

La *Lord Nelson* è un veliero di sessanta metri, quattro alberi, vele quadre. Si manovra alla vecchia: non ci sono verricelli, si fa tutto a mano. Per issare ogni vela servono dieci persone a ogni drizza. L'equipaggio permanente è composto da capitano, tre ufficiali, sei marinai e sei volontari a rotazione, più gli ospiti. Gli ospiti sono persone affette da cecità, sclerosi multipla oppure bambini con una situazione famigliare complessa. Bambini difficili. Natalie mi racconta come i migliori trimmer sono quelli sulla carrozzina: leghi la sedia vicino alle scotte, baricentro basso, non soffrono il mal di mare, braccia d'acciaio. I migliori timonieri? I ciechi. Sentono la direzione del vento sul viso e tengono la rotta come nessuno, non gli serve vedere la bussola. Neanche loro soffrono il mal di mare. La nave è organizzata con targhe in brail per aiutarli a capire dove sono. I bambini 'difficili' invece non sono bravi in nulla. Sono per natura in perenne conflitto con tutto, solo perché nessuno ha mai creduto in loro. Ma alla fine del viaggio è un'altra cosa, lasciano la *Lord Nelson* con un'altra faccia. Non tutti, ma molti.

Natalie ha navigato tutti i mari dell'emisfero nord. C'è una nave sorella che fa parte dello stesso progetto. Un giorno s'incrociano in un porto d'Europa prima di attraversare assieme l'oceano verso i Caraibi. Conosce Dave, fa l'ingegnere di macchina volontario sull'altra nave. Scommettono su chi arriva prima dall'altra parte. Non si ricordano chi ha vinto, sanno solo che stanno insieme da quando sono arrivati dall'altra parte dell'oceano.

Il cielo è ancora illuminato. Il mio turno è finito. Domani metterò piede in Groenlandia.

La globalizzazione vista da qua
Tasillaq, Groenlandia

Ci sono posti nel mondo di cui non hai un'idea precisa di come siano fatti. La Groenlandia, non so perché, pensavo fosse piatta e i groenlandesi biondi dalla pelle chiara. Invece è circondata da montagne a picco sul mare alte 1000 metri e i groenlandesi sembrano un incrocio tra un newyorkese e quei giapponesi fighi che si vedono a Shibuya... almeno da come si vestono. Che vi è successo? Non siete i discendenti degli Inuit? O meglio, voi siete Inuit non Giapponesi scuri vero?

Non che mi aspettassi di visitare un museo a cielo aperto dove i nativi in costumi tradizionali recitano la parte per i turisti, ma mi viene spontaneo chiedermi che ne è della vostra identità? Credo sia importante sentirsi qualcuno, essere apprezzato dagli altri, per le qualità della cultura che rappresenti. Se diventiamo tutti uguali che vita viviamo? Io sono orgoglioso di essere italiano, soprattutto dei nostri pregi, molto meno dei nostri difetti. E gli Inuit globalizzati?

Indaghiamo.

I Vichinghi colonizzarono il sud ovest della Groenlandia attorno all'anno 1000. La Norvegia, da cui venivano, si era appena convertita al Cristianesimo per motivi profondamente spirituali e assolutamente non politici o economici!? Addio Thor e Odino, evviva Gesù Cristo. Prima di questo evento i Vichinghi conquistavano terre qua e là e le colonizzavano integrandosi. Cioè dopo pazienti e appassionati corteggiamenti tipo: «Ehi tu bella vieni qui che ci diamo dei baci!», adottavano le usanze delle genti del luogo, lingua, alimentazione, vestiario. Ma quando arrivano in Groenlandia erano Cristiani orgogliosi che disprezzavano gli Inuit, pagani e barbari. Passa qualche secolo e arriva la piccola glaciazione che fa fuori in un botto tutta la colonia che in tutto quel tempo non aveva imparato nulla dal popolo locale su come si vive da queste parti. Ma soprattutto aveva consumato fino allo stremo le risorse a disposizione dell'ambiente in cui aveva deciso di vivere, il legno su tutte, il 'petrolio' dell'epoca.

E gli Inuit? Immagina: ti danno tutta la neve che vuoi e nient'altro. Assieme a te ci sono orsi, foche, cani, balene e basta. E tu devi trovare il modo di vestirti, cibarti, scaldarti. E questi ci sono riusciti per migliaia di anni. Quando ho visto un kayak e un *umiak* (la barca con cui cacciavano le balene) sono rimasto sbalordito, molto di più di quando vidi il *Kontichi* o le navi vichinghe a Oslo. C'era il modo di vivere e prosperare, gli Inuit lo conoscevano, gli occidentali lo ignoravano, per non dire disprezzavano. Quindi Inuit 1, Occidentali 0 al primo round. Erano più bravi di noi, in tante cose, almeno quassù.

Ma non era finita. La colonia norvegese scompare nel 1400, ma nel 1700 i Danesi tornano alla carica e la spuntano.

In sostanza gli dicono: «Non si vive così, barbari! Dovete vestirvi a modo, vivere in una casa, mangiare 'sta roba, comprare quest'altra, eccetera». «Ma noi siamo cacciatori», obiettano loro, «dobbiamo seguire le nostre prede nelle loro migrazioni, non possiamo sfruttare troppo la stessa area, non va bene, l'ambiente qui è delicato». «No, no», dicono gli occidentali tronfi della loro superiorità, «fate come noi e vedrete!». Ah sì, dimenticavo, «Dovete anche credere in Dio». «Cioè?». «Niente di complicato: voi fate tutte le cazzate che volete poi ogni tanto andate in chiesa a scusarvi e tutto si sistema».

A Tasiilaq le strade iniziano e finiscono ai bordi del paese, con quei gipponi non si va da nessuna parte qui. Vagando per le strade dal porto alle periferie non ti viene un'idea di cosa gli dia da vivere. Incontri qualche vecchio già ubriaco nel primo pomeriggio, vai al supermercato e trovi file di giovani che comprano birre. A parte pochi, non capisco come si guadagnino da vivere qui, la maggioranza sembra solo bighellonare e bere. Grazie ai sussidi della 'madrepatria'? E se quelli smettono di mandare soldi, come se la cavano questi?

In uno spiazzo polveroso vedo un gruppetto di persone attorno a delle cassette rovesciate. Mi avvicino curioso quando una donna si volta e mi viene incontro sorridente, usando al meglio tutti i denti che ha. Mi saluta con uno squillante «Hello! We are from Nuuk!». «Very well», rispondo. «I'm from Bologna». Faccia a punto interrogativo della mia nuova amica. «From Italy», aggiungo. Torna il sorriso. Mi vendono una statuetta di corno di renna intagliato e un cappello di pelli di foca, la mia arma segreta per il ritorno. Gli insegno a dire *Ciao!* «Così ci salutiamo noi in

Italia», spiego. Esecuzione perfetta, tanto che la tentazione di insegnarli a cantare *Bella Ciao* è fortissima. Mi allontano salutandoli e aspetto la loro reazione: i sorrisi sdentati più belli che abbia mai visto e un coro di ciao! ciao!

La sera ritrovo l'equipaggio a cena all'*Aapalortoq hotel*, una piccola casa rossa che domina il villaggio. Per cena c'è carne di balena. Ne hanno presa una giorni fa e come da tradizione viene divisa tra tutto il villaggio. Tutti hanno diritto a una quota, anche se non hanno partecipato alla caccia. «Usiamo tutto della balena», spiega la cameriera orgogliosa. «Anche gli occhi», rispondo io? Lei mi guarda confusa. «Anche noi nel mio paese mangiamo tutto del maiale, anche gli occhi». Sconcerto attorno a me. Ma perché non sto zitto certe volte?

Vado a letto confuso. Da una parte la natura di questo mondo ti esalta, dall'altra l'uomo ti preoccupa. La globalizzazione corre alla velocità dei più forti e si lascia dietro le periferie del mondo, e secondo me è una perdita enorme. Le identità meno diffuse si sentono sempre più a disagio, cresce in loro il bisogno di adottare usi e costumi più popolari nel mondo senza rendersi conto di cosa sta succedendo, cosa gli sta succedendo. Non so cosa pensare, sento solo le domande senza risposta che scoppiettano nel mio cervello come pop-corn. Le più grosse? Che mondo lasciamo ai nostri figli? Perché è così difficile discutere di problemi che richiedono una visione a lungo termine? Non interessa davvero a nessuno? E quando finisce il petrolio, che facciamo? Strana cosa: fai un viaggio per vivere la natura più estrema e torni con un sacco di dubbi sul mondo degli uomini. Almeno sembra che ci sia ancora un sacco di ghiaccio quassù, non lo abbiamo ancora sciolto del tutto.

Il bar del porto
Tasillaq, Groenlandia

Da queste parti i porti, pochi, non sono attrezzati per i turisti. Di solito ormeggi la barca tra pescherecci enormi, al molo dove scaricano i container, o il pesce. Il molo è di ferro arrugginito protetto da copertoni da camion usati. E l'acqua potabile puzza di gasolio. In fondo alla banchina, dove il fondale è basso, alcuni moli galleggianti ospitano piccole imbarcazioni da pesca mentre a riva a secco ci sono decine di slitte per cani. Immagino che d'inverno si diano il cambio, barche a secco, slitte in 'acqua'.

Vado a fare una camminata lungo la valle che porta ai laghi dietro il villaggio, poi salgo su una cima per guardare la processione degli iceberg lontano nel mare fuori dalla baia. La processione continua ininterrotta, la fabbrica di sleppe va a pieno regime quest'anno.

Rientro al porto e vado a gironzolare per la baia in kayak, uno moderno a prova d'imbranato, mica come quelli che usano qui. Marion ha bisogno del ghiaccio per il gin tonic, devo scegliere il blocco di ghiaccio più stagionato: solo quelli vecchi sono dolci. Peter viene con me. Facciamo un paio di piroette involontarie, poi prendiamo il ritmo e filiamo dritti verso la baia. Dopo una serie di pagaiate energiche ed entusiaste, rallentiamo. Siamo già circondati da blocchi di ghiaccio enormi, alti, magri, grassi, storti, sbilenchi, curvi, grigi, bianchi, blu! Ecco, quello blu va bene, ma è troppo grosso. Stanno lì come giganti addormentati e sembrano innocui, poi uno si spacca in due e te la fai addosso. Pagaiamo in punta di piedi, se si può dire, temendo di svegliarli. Torniamo in porto dopo un'ora, infreddoliti ma con il bottino. Marion è al settimo cielo. Il gin tonic, ottimo!

La sera al completo andiamo al bar dove troviamo gli equipaggi delle altre barche in rada. Marie Anne, Sigi, Johan, Michael. Siamo in pochi a navigare da queste parti, ma nonostante la dimensione del paese, i porti e le baie protette sono così poche che finisci per incontrarti spesso. Al bar del porto ovviamente.

Marie Anne è olandese, skipper del *Touluk*. A sentirla parlare sembra non ci sia mare che non abbia navigato. Sigi è islandese, skipper dell'*Aurora*. Lui invece naviga solo da queste parti, sostiene di conoscere tutti i fiordi della Groenlandia orientale. Johan è tedesco, first mate sull'*Aurora*. Studia biologia marina, prima era in Nuova Zelanda, ora si è innamorato dei fiordi del nord ovest islandese. Non capisce perché così pochi islandesi vadano in barca. Beh, il confronto con la Nuova Zelanda è duro per tutti. E poi Michael, inglese, skipper, first mate, cuoco e sguattero sul *Flora*, un barchino di 9 metri che ormeggiato di fianco all'*Hummingbird*, il nostro yacht, sembra una bicicletta appoggiata a un camion. Micheal è un navigatore solitario. Ha trovato la barca dei suoi sogni a Palma di Maiorca, l'ha portata in Inghilterra, poi in Scozia, alle Far Øer, Islanda e ora in Groenlandia. Vuole arrivare in Venezuela.

Una storia segue l'altra quando scopro che Susie, la first mate sull'*Hummingbird*, è figlia d'arte. Mezza danese e mezza inglese, è praticamente nata e cresciuta in barca. Il padre ha navigato mezzo mondo, sempre a vela. Poi è arrivata la crisi di mezza età: a cinquant'anni divorzia e smette di navigare. Per tutta la vita ha navigato sulle barche di altri, era ora di cambiare e si compra la SUA barca, o meglio, se la costruisce lui. Da otto anni passa le sue giornate in cantiere a lavorare alla barca che è ancora a secco. È sempre stata a secco, non ha mai toccato l'acqua. Quando sembrava il momento, hanno deciso di rifare tutti gli interni e hanno ricominciato da capo. Hanno perché non è solo, altri cinquantenni si sono uniti all'impresa. Formano ormai un piccolo club, che un giorno salperà per fare il giro del mondo. Nel frattempo passano le loro giornate in un gazebo che hanno montato di fianco alla barca dove bevono tè e discutono del viaggio che faranno o dei lavori necessari alla barca. Non hanno fretta, il mare è sempre lì davanti a loro.

Il ritorno
Stretto di Danimarca, Oceano Atlantico Settentrionale

Rachael riunisce l'equipaggio per il brief sulla traversata di ritorno. Salpiamo domani all'alba, che qui vuol dire alle tre di mattina. Sveglia alle due e mezza. La marea a favore dovrebbe allargare gli spazi tra i ghiacci spingendoli al largo. Fino a qui tutto bene, poi aggiunge: «C'è una tempesta in arrivo da nord che dovrebbe raggiungerci il secondo giorno. Dovremmo passare una ventina di ore piuttosto impegnative ma dobbiamo partire adesso perché poi peggiora ancora ed è meglio essere già dall'altra parte». Silenzio a bordo. Quelli che sanno cosa significa si preparano mentalmente a prendere degli schiaffi violenti dal mare. Gli altri studiano le facce dei primi in cerca di un'espressione che li conforti. Andiamo a dormirci sopra.

La mattina giriamo la punta della baia del porto e subito la prima sorpresa: mamma sleppa, un iceberg che sembra una portaerei, ci aspetta sornione là fuori. Da qui sembra tutta una distesa di ghiaccio. Una nave di *Greenpeace* è ormeggiata appena fuori la baia. Che siano bloccati anche loro? E invece gli spazi sono molto più ampi di quel che temevamo, la marea sta aprendo le maglie.

Le prime giornate passano tranquille, c'è il sole e l'unica preoccupazione è tenere d'occhio i blocchi di ghiaccio alla deriva. Poi arrivano le nuvole e il vento comincia a salire. Verso sera andiamo spediti come siluri, timonare è un vero piacere. Ma la notte inizia la rumba. Le onde arrivano a cinque metri, continuiamo a ridurre le vele ma non basta mai. Quando sei al timone, gli spruzzi d'acqua gelata ti tagliano la pelle del viso. Lo scafo s'impenna sull'onda, atterra sull'acqua facendo un rumore orrendo. È solo la catena dell'ancora che salta nel suo gavone. Stiamo facendo a pugni col mare e lui è molto più grosso. Ma in fondo è bello, sai che puoi domarlo, devi solo stare concentrato ed essere molto prudente. È quando finisci il turno e scendi sottocoperta che cambia tutto. Cerchi di scaldarti e riposare prima di tornare sul ring, ma non fai altro che rotolare da un lato all'altro della cuccetta, con lo stomaco in gola, senso di nausea, male al collo, alla schiena, al ginocchio che hai sbattuto contro il tangone legato in coperta all'ultimo cambio di vele. È qui che ti chiedi perché lo fai. Lo sai che è così! E cominci a imprecare contro tutto e tutti: «Fanculo Nettuno! Fanculo Eolo! ...E anche Giove!». Il rosario del marinaio dolorante.

La tempesta dura un giorno e mezzo e ci porta fuori rotta. Nuovo briefing: se continuiamo così, manchiamo l'Islanda, dobbiamo risalire il vento. Vuol dire una notte in più di navigazione. E d'istinto ricominci a recitare il rosario del marinaio: «Nettuno fanculo, Eolo fanculo...». Non bastasse l'ultima notte mi tocca il turno dall'una alle quattro, quello al buio. Il più freddo.

Quando salgo in coperta, Susie mi cede il timone. Siamo in vista della costa, il cielo è stellato e non fa più tanto freddo. Il vento è fresco e l'*Hummingbird* fila che è un piacere. Mi raggiungono anche Natalie e Dave, mentre Susie, Peter e Marion vanno a dormire. Sono ormai al timone da un'ora quando il cielo si squarcia: una folata verde fosforescente lo attraversa da un orizzonte all'altro, diventa sempre più intensa e verde, poi si dissolve. L'aurora boreale! Un'altra, una striscia lunga ma meno marcata della prima. E ancora una, questa sembra simile alle ali di una farfalla. Si succedono una dietro l'altra, con le forme più disparate. Una danza di folletti che svolazzano nel cielo stellato lasciando scie verdi fosforescenti col loro mantello, in un crescendo inarrestabile. A un certo punto sono così tante che il cielo sembra diventato verde. È uno spettacolo che lascia senza fiato. Ero talmente emozionato che mi è scappato un sonoro «Soccia!», che ha quasi rovinato tutto.

Sta albeggiando e i colori dell'aurora si fanno sempre più tenui. Tra poche ore saremo in porto.

MAROCCO

In moto

Il viaggio comincia sempre sulla porta di casa. Quando partii per il Cammino di Santiago feci la prima tappa simbolica a piedi Tignano-Casalecchio, circa undici chilometri. Ora si va in Marocco. Prima tappa a salutare i vicini: circa venti metri.

I porti
Verso il Marocco. Livorno, Barcellona, Ibiza

I porti sono nel cuore della città. Quando arrivi, entri nella bocca del porto, approdi nel ventre della città; quando parti, si levano le cime, si salpa. Ti abbracciano prima, ti liberano poi.

Ecco perché amo viaggiare via mare. Mi piace osservare le operazioni di ormeggio, i passeggeri in attesa dell'imbarco, le navi, il molo, i fanali d'ingresso, il faro, l'orizzonte. Sia che si tratti di un porto affollato di turisti d'agosto, di un molo industriale da dove partono i cargo, o uno di quei porti piccoli remoti da cui le navi partono di rado. Tipo da Hirtshals in Danimarca a Seyðisfjørður in Islanda. O da Tripoli in Libia verso La Valletta a Malta. Ecco un posto dove vale veramente la pena arrivare via nave: La Valletta. La città è abbarbicata sulla cima della spettacolare scogliera di un fiordo, tipo

Bonifacio, ma più grande.

È tardi, buio. La nave per Tangeri parte da un molo industriale di Livorno. Sono circondato da pile di container in arrivo o in partenza per chissà dove. Le auto in attesa sono tutte marocchine, tutte stracariche della merce più improbabile. Sono l'unico in moto, si vede che non è stagione. E invece mi sbaglio. Appare dalla penombra dei container un motociclista, di quelli tutti agghindati di pelle dalla testa ai piedi, quelli che hanno l'aria di andar forte. Questo sembra più un allegrone che un missile, con il suo sorriso spontaneo e la giacca aperta su un pancia bella rotonda. Enrique è spagnolo, è venuto in Italia a vedere il Gran Premio, è un tifoso di Valentino Rossi. E anche di Lorenzo e Marquez! Va d'accordo con tutti insomma. Ne arriva un altro, tutto nero, moto, casco, tuta. Hans è tedesco, vive a Formentera (scenderà a Barcellona, dove la nave fa tappa). Sta tornando a casa dopo la sua stagionale fuga dalle orde d'italiani. Hans lavora cinque mesi l'anno, è capitano sulle navi 'speciali', quelle che posano cavi sul fondo dell'oceano o costruiscono piattaforme. «Sono le navi più difficili da comandare», mi spiega, «ma per assurdo che sia, sono quelle che navigano meno». Il capitano Sur Place.

Gli incontri tra motociclisti in queste occasioni seguono sempre lo stesso rituale: saluto, giro attorno alla moto, commento tipo 'bella' (che vuol dire la mia è meglio!). La risposta inevitabile è: «Tu cosa guidi?», e ti tocca dire «bella» anche se in realtà pensi: «Mai e poi mai ne comprerei una». Ricordo l'anno in cui aspettavo di imbarcarmi per l'Islanda. Le moto erano tante, tutte attrezzate per guadi, fango, pioggia, neve, ghiaccio e chissà cos'altro ci aspettava sull'isola. Il rituale si ripete a ogni arrivo di una nuova moto.

Gli uomini sono proprio buffi a volte. Me compreso, s'intende. Quando succede qualcosa che scombina tutto: arriva un drappello di *Nimbus* d'epoca con sidecar, una più bella dell'altra. Sono norvegesi, loro vanno in Islanda con quelle! Game over!

Salpiamo alla volta di Barcellona. Ah!, come si dorme bene con il *ron ron* del motore del traghetto e le onde che ti cullano. L'arrivo a Barcellona è previsto al tramonto del giorno dopo.

Sono sul ponte a godermi il sole in attesa dell'attracco quando mi sfreccia davanti un bimbetto inseguito da suo padre in *djellaba* e babbucce. Il bimbetto si butta sulle scale che portano al ponte di comando infilandosi tra le catene che dovrebbero bloccare l'accesso ai passeggeri. Il padre lo guarda sconsolato e sconfitto, poi si gira e mi saluta in italiano sorridendo. Uno sguardo d'intesa e tentiamo la trappola. Mentre lui si allontana fingendo la ritirata e il bimbetto lo segue cauto, io m'infilo dietro di lui e blocco la scala. È fatta! Il padre ringrazia e si siede sugli scalini: «Vai dove vuoi ma qui no!». Senza il fascino del proibito, alla piccola peste sembra passata la voglia di scappare.

Saluto i miei compagni di gioco e mi avvio verso il garage, hanno appena invitato gli autisti dei mezzi a scendere. Mentre procedo verso l'uscita, vedo Enrique davanti a me. Enrique guida una *Honda CBR 1000*, quei mostri che usano nel campionato Superbike. Di solito quelli che vanno su queste moto hanno una fidanzata tascabile che si attaccano sulla schiena col velcro, per non perderla alla prima accelerazione. Enrique invece ne ha una a sua immagine e somiglianza. Sembrano due simpatici ippopotami in groppa a un ghepardo.

Do un colpo di gas per attirare la sua attenzione e salutarlo. E lui risponde. Ecco è come se una placida mucca si fosse avvicinata a un leone e avesse tentato un approccio tipo: «*Muuuu,* ciao amico!». E il leone: «*Rooarr!* Che cazzo vuoi cicciona?!». Ma so che sotto il casco Enrique sorrideva placido e contento. Solo che lui va forte ed io vado lontano. A Tangier! Ma prima passiamo da Ibiza.

Incontri lungo la strada
Verso il Marocco. Ibiza, Murcia, Marbella, Ronda

Chiringuito sulla spiaggia al tramonto con birretta. Mi siedo al banco di fianco a un bel ragazzo che fa il filo alla barista. L'altro barista è argentino: sta suonando la musica di Charlie Garcia e lui balla, sorride, canta estasiato il Vasco Rossi argentino. O il Serge Gainsbourg argentino? Vabbè, uno strano, gli argentini sanno.

Gonzalo, quello a fianco, sta facendo esperimenti con Aperol e Cava con la complicità della barista a cui fa il filo. Ma sì facciamoci uno Spritz! «Chicos, si fa così!». E loro ne fanno una caraffa per gli amici! Lo spritz non è nel menù, non sanno quanto farlo pagare. Gonzalo è di Cadiz, sostiene di parlare uno spagnolo simile all'argentino. Il barista scuote la testa, ma continua la sua danza con Charlie. Gonzalo vive lì e gira il mondo in bicicletta: Scozia, Irlanda, Spagna muchas veces, Italia. E poi Africa: è andato dal Marocco al Kenia! Vedi cosa vuol dire avere tempo?! «Solo con la bicicletta puoi conoscere il paese che stai attraversando, tutti gli altri mezzi sono troppo veloci!», afferma. «Hai ragione!». La barista esce dal banco a dargli un bacio.

Cena in una *comida*, uno di quei posti dove dividi il tavolo con *cualquiera*. Una coppia di francesi in pensione siede di fianco a me. Sono di Parigi, gioviali e simpatici. Si vede che con l'età perdono i loro difetti. Oppure si ripigliano soltanto e si rendono conto che il prossimo non è un nemico. Vengono in vacanza qui da anni, dal '60! Lei parla un po' di spagnolo, lui pretende di capirlo. Viene fuori che io viaggio in moto e che lui era il corrispondente sportivo dell'équipe che seguiva il motomondiale, ai tempi di Agostini, Haywood, Pasolini. Mi racconta entusiasta della follia del *Tourist Trophy* sull'isola di Mann, all'epoca ancora parte del calendario del campionato. Il mio francese fa fatica a star dietro a quel fiume in piena, ma basta guardare la sua faccia per capire. Finita la loro cena, mi salutano ed escono mano nella mano. Vedo lui che continua a parlare con la stessa eccitazione di prima e lei a sorridergli. Che bella coppia.

A Murcia vedo un vecchio amico, eravamo a scuola assieme più di trent'anni fa all'Istituto d'Arte. Ricordo ancora la meraviglia dei suoi disegni. Lui, assieme a Francesco e a Eva, mi facevano pensare: «Ma cosa sto a fare qui, io non ho nessun talento, ho proprio sbagliato strada». Già, ma qual è la strada giusta? Juan è diventato un artista completo: grafico musicista e fotografo. Dopo la scuola l'avevo perso di vista, sapevo solo che era tornato in Spagna diversi anni fa. Succede che verso i quaranta anche lui capisce che la sua strada era un'altra: vuole fare il maestro di scuola! E così torna all'università, studia la sera e lavora di giorno. Segue tutta la prassi e a quarant'anni e passa diventa maestro. Il primo incarico è in una scuola di un piccolo paese vicino ad

Alicante. È la scuola 'dannata' del paese, le famiglie fanno di tutto per non mandarci i loro bambini e i maestri hanno da anni perso l'entusiasmo che dovrebbe caratterizzare la loro professione. Affronta il primo anno con ottimismo e determinazione quando accade l'impensabile: alla fine dell'anno il preside dà le dimissioni e offrono il posto a lui. Non per i suoi meriti, è che nessuno vuole quel posto in quella scuola. Juan accetta, vuole provarci. Sono passati più di due anni, adesso è cominciato il terzo. Ha cambiato tante cose, anche se rimane ancora molto da fare. Tra insegnanti demotivati e genitori improbabili, non sa dove girare la testa. E ora riceve i complimenti increduli degli altri presidi: adesso non è più la scuola che tutti vogliono evitare.

A Marbella vivono Daniel e Sari, una coppia adorabile che conobbi ai tempi di Helsinki. Lasciarono la Finlandia pochi mesi prima di me, nel 2008. Lui spagnolo nato in Belgio, lei finlandese del nord, sono una strana, meravigliosa coppia: cucinano sempre assieme, parlano animatamente saltando dal finlandese, all'inglese, allo spagnolo. Li sento spesso dire che sono il miglior amico l'uno dell'altro... da ventidue anni! È emozionante rivederli! Lui con gli occhiali e qualche capello grigio sembra quasi serio, ma senti subito che è sempre lo stesso tenero cialtrone. Lei sorride radiosa come nessun finlandese sa fare. Sono entusiasti della loro scelta, anche se durante la serata escono poco a poco tanti motivi di nostalgia per la Finlandia: la sauna, il piacere del silenzio, il rispetto della natura. Mi raccontano che arrivarono in Spagna poco prima di Natale, con il terzo figlio ancora piccolo, i due grandi erano rimasti a Helsinki. Li invitò cena per la vigilia una zia di Daniel, c'era anche la famiglia del cugino con due bambini. Txaran, il figlio di Daniel e Sari, era affascinato. Non capiva una parola ma non esitò quando gli chiesero se voleva fermarsi a dormire con i cuginetti: «yksi, yksi, sì, sì!». Gli lasciarono un biglietto dicendogli: «Quando vuoi tornare a casa mostra questo alla zia». Dovettero chiamare loro dopo qualche giorno, altrimenti lui sarebbe stato là chissà quanto. Mi raccontano quanto sono legati da allora Txaran, Julio e Pablo, affascinati e attratti dalle loro culture così diverse. Un affetto profondo nato una sera dove gli spagnoli parlavano e il finlandese ascoltava attentamente senza capire. Adesso pare sia il contrario, i ragazzini spagnoli stanno scoprendo un nuovo mondo. E Txaran mi confessa che è lo spagnolo la sua prima lingua, quella con cui sogna.

Il giorno dopo Daniel mi accompagna da alcuni amici a Ronda. Flavio è un architetto argentino, anni fa ha comprato un vecchio convento diroccato e dopo averlo restaurato, ha pensato bene di farci del vino. Prima era un hobby, ora è una vera e propria passione, anzi un lavoro vero. Ci sono due modi per perdere soldi, uno probabile, uno sicuro. Il primo è il gioco d'azzardo, il secondo è il vino. Così aveva accolto il commercialista di Flavio l'idea di fare vino. Vicente è il suo enologo, un valenciano adorabile con le sue teorie sui dialetti del sud: l'andaluso è il castigliano evoluto ai tempi degli sms, è il castigliano 2.0: parlano talmente in fretta che sembra parlino per acronimi! A Huelva, vicino al Portogallo, hanno raggiunto la sintesi estrema: non parlano, emettono codici sonori che solo loro sanno decriptare. Vicente ci fa assaggiare i vini della casa, la nuova annata e alcuni esperimenti a cui sta lavorando. Beviamo sotto un albero di avocado di fianco alla vecchia sorgente del convento che loro hanno ribattezzato *Los descalzados viejos*. Riappare Fulvio che si è appena liberato di alcuni clienti. «È l'ultimo giorno della vendemmia, dobbiamo festeggiare! Venite! Grigliata di carne!». Cos'altro potevi aspettarti da un argentino?! Ci sono altri amici giunti per l'occasione: argentini, brasiliani, romeni, spagnoli. Montiamo un tavolo all'ombra di un albero e via. Vino, carne, verdura, vino, vino... la scena mi ricorda qualcosa: *El ultimo asado*! Un fotografo argentino fece la parodia dell'*Ultima Cena*, all'argentina (se la vedesse il Papa!?). Lo dico a Flavio che s'illumina: tra gli ospiti c'è un fotografo! E in un attimo organizziamo la replica dello scatto.

Grazie Daniel, che giornata!

La strada più bella. Andalusia
Verso il Marocco. Cadice

Mi lascio alle spalle Ronda per raggiungere Cadiz dove passerò la notte. La cartina mostra una strada secondaria che tortuosa taglia la Sierra Margarita verso Arcos de la Frontera. Mi fermo a Grazalema per un caffè prima di salire al Paso del Boyar.

Andare in moto è bello per tanti motivi. Metti la testa nel casco ed entri in un altro mondo, solo tu e i tuoi pensieri. Il vento sul corpo, seduto a cavallo, le mani sul manubrio. La sensazione è quella che sei tu a portare lei, la moto, non viceversa. Alcuni parlano di senso di libertà. La sensazione è simile a quella che provi andando a cavallo, o al timone di una barca a vela. Ma forse passiamo solo troppo tempo al chiuso, nelle nostra case, nei nostri uffici, nelle nostre macchine. E quando mettiamo il naso fuori ci sentiamo liberi dalla scatola in cui ci chiudiamo da soli. Siamo un po' strani noi uomini.

Ma la vera gioia di guidare una moto viene dalle curve!

Lunghe e veloci o strette e lente che siano. La strada sale al passo ripida con brevi rettilinei e tornanti. Ma dal passo scende lentamente sul versante della valle. Le curve sono vicine, tutte diverse, tonde. Prendo un bel ritmo, tiro su la moto e la butto giù dall'altra parte per impostare la curva seguente. Da quando ho imparato a controsterzare cambio direzione più velocemente, correggo le curve senza frenare. Le traiettorie sono fluide come fossi sugli sci. E non c'è un tratto diritto!

Il sole sta tramontando, la sua luce si riflette sull'oceano all'orizzonte. I colori delle rocce contrastano con il verde acceso della vegetazione. L'asfalto è liscio, la strada stretta e tortuosa. La moto fila che è un piacere sentirla sotto il sedere, tra le gambe. La goduria è tale e tanta che non riesco a trattenere le urla di piacere. Prima ad ogni curva, poi come uno spasmo continuo «*uoooaaaaooaaaaaauuuuueeeeeyaaaa…*», e così senza tregua fino ad Arcos. All'entrata del paese c'è una rotonda. Dovrei andare dritto, ma invece faccio un giro. Poi due. Al terzo decido di tornare su al passo e rifarla! «… *uoooaaaooaaaaauuuuueeeyaaaa!*».

Arrivo a Cadiz a sera inoltrata. Due *tapas y un fino* in un bar davanti alla cattedrale e a letto. Domani mi aspetta a Tarifa la nave per Tangeri!

C'erano i Beat e i Rolling Stones...
Tangeri, Marocco

Mi hanno sempre affascinato i posti di frontiera, quei luoghi dove le culture si mescolano dando vita a un'energia unica. Non sono necessariamente luoghi vicino a un confine di stato dove spesso l'energia è negativa, se i confini sono chiusi, o apatica se sono aperti. Le città portuali del Mediterraneo prima che ci fossero gli aerei erano posti di frontiera. Hong Kong e New York sono posti di frontiera. Anche Berlino dopo la caduta del muro.

Tangeri era uno di questi posti, forse il più intrigante. Per tanti anni a cavallo delle due guerre è stata chiamata l'Interzona: ufficialmente sotto il Marocco colonizzato, ma governata a rotazione da americani, francesi, spagnoli, inglesi, russi e italiani. A tutti questi interessava di più controllare lo stretto che governare la città dove dagli anni '30 comincia a radunarsi una selezionata quantità di 'scappati di casa', gli scrittori Beat. Mescola questi ai pirati locali 'in pensione', *kif* e *mejon* in abbondanza, il fascino dell'Oriente, la natura africana, l'oceano, un governo assente ed ecco l'Interzona, quasi un luogo da fumetto dove reale e fantastico si combinano confondendosi.

Non che mi aspettassi di ritrovare quei tempi, ma la curiosità di vedere quei luoghi c'era. Paul Bowles, Jean Genet, Tennessee Williams, Truman Capote, William Burroughs, Peter Orlowsky, Jack Keruac, Henry Miller, e poi i Rolling Stones, Yves Saint Laurent sono solo alcuni dei nomi di gente che ha abitato qui, alcuni per pochi giorni, scappandone inorriditi, altri alcune settimane, tornandoci diverse volte o tutta una vita, non riuscendo più a vivere altrove. *In Tangier* è un diario scritto da uno scrittore marocchino, Mohamed Choukri, che descrive le giornate di alcuni di questi in quegli anni a Tangier. Choukri ha imparato a leggere e scrivere in età adulta grazie a quelle frequentazioni. Il piano per i miei giorni a Tangeri è semplice: leggere questo libro nei luoghi che cita, o almeno in quelli che ancora esistono. Mi piace leggere qualcosa in un luogo che sia in qualche modo intonato al libro in modo che quando alzo gli occhi io possa trovare immagini che mi aiutino a capire meglio i tempi e le atmosfere raccontati dal testo che sto leggendo.

Il diario di Choukri è crudo, c'è poco del mito della città perché forse non è mai esistito. Trovi piuttosto tratti di un umanità mediocre, sbandata, egoista, a cui interessava poco dov'erano e chi abitava lì. Sembrano tutte storie di gente in fuga, gente che non avrebbe avuto un futuro a casa propria, o che non poteva permetterselo. Ma era tutta gente che scriveva in maniera notevole! Strana vita devi fare per coltivare un talento in quel campo. Ma senza sbandare, dove trovi gli stimoli per scavare nella tua mente, capire i lati oscuri degli uomini e raccontare la loro vita come se ci fossi stato dentro tu stesso? *Cafè Central, Zoco Chico, Café de Paris, Hotel Continental, Salon de Madam Porte, Tangier Inn* sono i pochi luoghi ancora aperti citati nel libro. Non ci sono più scrittori ai tavoli con il loro seguito di cortigiani, ci sono solo uomini, marocchini, spesso soli con il loro bicchiere di tè alla menta, il cellulare e un pacchetto di sigarette appoggiati sul tavolino davanti a loro. E basta. La vita nei caffè non è più la stessa neanche a Parigi e a Roma, ma le tracce dei loro periodi d'oro si possono trovare ovunque, dai musei, alla letteratura, al cinema. Qui sembra di no. In questa che è stata forse la città di frontiera per eccellenza, non c'è rimasta traccia di quei tempi. Quell'ondata di cultura straniera è tornata in mare senza toccare nulla, come se per anni si fossero sfiorati oggi giorno senza mai provare curiosità l'uno per l'altro.

Nel Grand Socco, la grande piazza davanti all'ingresso principale della medina, c'è il *Rif*, un vecchio cinema di quei tempi. Tra i titoli in programma noto anche un ciclo dedicato ai *road movies* americani, *On the road*, *Stranger than paradise* e altro. L'architettura dell'edificio mantiene ancora tutto il suo antico fascino: non vedo l'ora di vedere la sala. Il bigliettaio però mi avverte che quel giorno il ciclo dei *road movies* è sospeso per la proiezione di un documentario su una associazione locale. La mia delusione è cocente!

Mentre mi allontano dalla sala noto il banchetto dell'associazione *Darna*, che poi scoprirò significa 'la mia casa'. Incrocio lo sguardo sorridente delle due donne europee dietro il banchetto e non resisto alla tentazione di chiedere spiegazioni. Il mio francese non permette conversazioni molto sofisticate ma la curiosità di andare a vedere meglio di cosa si tratta è sbocciata e mi metto in fila per entrare.

Il documentario racconta i vent'anni dell'associazione fondata da una delle due donne del banchetto; francese ma nata a Tangeri. Il loro primo progetto è stato quello di aprire una sorta di centro sociale per bambini fino ai dieci anni, bambini figli di famiglie molto povere. Lo spazio offre a loro un luogo dove incontrarsi, leggere, giocare, insomma tenerli lontani dalla strada. Poi hanno pensato ai più grandi: la scuola pubblica non aiuta questi ragazzi a sviluppare l'immaginazione! Senza immaginazione non c'è futuro. E aprono un centro per la gioventù con laboratori di ogni tipo, cominciando da quello di ceramica, perché al centro mancavano ancora i pavimenti. Succede un giorno che in uno dei laboratori costruiscono una serie di marionette. E allora quel diavolo di una donna pensa: «E se facessimo anche un teatro? E poi un collegio femminile per le donne ripudiate dalle famiglie (perché magari si oppongono a un matrimonio combinato) o abbandonate dai marito. Qui possono vivere al sicuro, studiare e imparare un mestiere». Cosa poteva mancare a tutto ciò? Beh, una fattoria! Le immagini del documentario mostrano la fondatrice alla guida della sua auto mentre si reca verso la nuova fattoria che sorge nella campagna vicino a Tangeri. Spiega che lo scopo di questo progetto è quello di insegnare ai giovani a rispettare l'ambiente in cui viviamo, a capire il ciclo della natura e il suo equilibrio, a imparare a coltivare la terra e ad allevare gli animali. Racconta anche che è stata dura ottenere quel posto perché un costruttore edile aveva messo gli occhi sullo stesso terreno ma grazie all'intervento di un membro della famiglia reale l'hanno spuntata loro. Arrivata sul posto la telecamera mostra gli allevamenti e le colture, poi allarga il campo verso il confine della fattoria dove appaiono monotoni e tristi i palazzi che minacciavano di invadere anche il loro terreno. La donna commenta amara: «In tutto quello schifo non hanno neanche pensato a uno spazio per i bambini! Tangeri, come il resto del mondo che noi chiamiamo 'civilizzato', è ancora pieno di persone mediocri ed egoiste».

C'erano i Beat e i Rolling Stones... ora c'è *Darna*. Meno male.

Un circo nel riad
Essaouira, Marocco

Se Fellini avesse avuto un riad, ne avrebbe fatto un circo no? Con Ziad il cavallo arabo, Aristotele il cane saggio, Chocolate la cagnetta figa, Boomerang, il gatto che torna sempre, il sultano Topazio, il gatto che domina la cucina dallo scaffale più alto, Grandma', l'asino anziano che sorveglia i giovani Frida, Giulietta, Charlotte, Pinocchio e Carletto. Poi Rosetta, Lekker e Momi. Ma sicuramente ho dimenticato qualcuno. E qualche essere umano di contorno: una ragazza olandese che fa la volontaria in un centro sociale per bambini, una ragazza russa che vive in un mondo parallelo e parla per non sensi, un giovane pescatore marocchino gentile e insuperabile ai fornelli e una giovane italiana che si sta preparando a fare la marcia della pace da Essaouira a Agadir. La regina di questo fantastico caravanserraglio ha passato la vita girando il mondo con la tavola da surf, poi è capitata qui e ci ha messo le radici. Ha comprato casa e ha cominciato a riempirla di esseri viventi bisognosi d'affetto. Quando suo padre venne a trovarla per vedere cosa stava combinando la sua figlioletta adorata aveva già il primo asino. Il docile animale aveva l'abitudine di dare la sveglia alla ancora piccola comunità infilando il testone nella finestra che dà sul cortile e ragliando come un ossesso. Si era dimenticata di avvertire il padre di quel particolare rito che regola le giornate del circo nel riad.

Non sono mai stato in un posto dove regna tanto buon umore. Manca solo la musica di Nino Rota.

Dietro le quinte
Essaouira, Marocco

Oggi Sofian, il giovane pescatore marocchino, mi accompagna in città. Attraversiamo il solito posto di blocco all'ingresso della città, la solita squallida periferia, il solito lungomare con le ultime speculazioni edilizie mirate allo sviluppo del turismo. Più viaggio e più penso che l'industria turistica sia la piaga del secolo: costruisce orrende prigioni dentro le quali i turisti si rintanano per evitare qualsiasi contatto con la popolazione locale. Lavorano undici mesi l'anno per investire i loro risparmi in un 'non viaggio'. Allo stesso tempo i locali risparmiano in attesa della stagione turistica dove faranno di tutto per spennare le prede più ingenue. Alla fine i primi se ne vanno senza aver capito nulla del posto che hanno 'visitato' e i secondi rinforzano l'idea che altrove si vive meglio perché si va ogni sera al ristorante.

Andiamo al porto. Sofian mi presenta tutti i suoi colleghi,

il mare è grosso, oggi non esce nessuno. «Es salam aleikum, wa aleikum salam!». Il tanfo è potente, ma il fascino di questo porto lo supera. Sofian vuole portarmi a vedere il quartiere dove è nato e cresciuto. Dentro un vicolo, sotto un cunicolo, sbuchiamo in una piazza in rovina. Qui non c'è un turista. Ci arrampichiamo sui tetti passando per le scale, le porte delle case sono tutte aperte: «Es salam aleikum, wa aleikum salam!». La povertà vista da vicino non ha l'odore acre del porto, ma lo stomaco si stringe nello stesso modo. E non ti molla. La sera a cena sbraito contro il sistema, l'egoismo, l'ignoranza, il futuro del mondo senza speranza. Jolanda, da buona olandese, va dritto al punto: «Non possiamo permetterci di essere pessimisti, ci sono dei bambini a cui dobbiamo dare un futuro migliore!».

Il giorno dopo vado con Jolanda nell'associazione in cui lavora. Si chiama *Beyki*, accoglie i bambini delle famiglie più povere. Insegnano loro a leggere e scrivere in francese, a usare il computer. Un giorno li hanno portati al circo di Tessa, la regina del riad, a giocare con gli animali. Un altro li hanno portati a fare surf da onda. Oltre all'educazione e allo svago, l'associazione si occupa anche di questioni burocratiche per conto delle famiglie come per esempio iscrivere i bambini all'anagrafe. Quasi tutti questi bambini non esisterebbero per lo Stato se non ci fosse *Beyki*. Ecco, se volete provare l'emozione di una bella abbracciatona, fatevi portare qui e vedrete come vi salutano questi bimbi. Incontriamo anche altri volontari. Giovani universitari francesi e tedeschi che passeranno un anno qui, a lavorare per l'associazione. È un progetto europeo che ha lo scopo di aiutare i giovani a capire meglio le altre culture e società.

Tornando verso casa non posso fare a meno di dire a

Jolanda: «A proposito della discussione di ieri sera, hai
ragione tu!».

La strada più bella. Alto Atlante
Tizi N' Test, Marocco

Parto da Essaouira sotto un cielo minaccioso, ma vedo il sereno verso Marrakech. Lungo la strada raccolgo a ripetizione bambini diretti a scuola dalle campagne verso i villaggi lungo il percorso. Da grande potrei fare l'autista di scuolabus!

A Marrakech recupero Fulvia all'aeroporto, per la prima volta, dopo anni di viaggi solitari, avrò un passeggero per alcuni giorni! Ci dirigiamo verso le montagne dell'Alto Atlante con l'intenzione di raggiungere il passo del Tizi N' Test, descritto come molto pericoloso sia dalle carte sia dalla guida. La strada comincia a salire tra rocce sempre più rosse, il fondo valle verde lussureggiante, villaggi di case di fango abbandonate, villaggi di case recenti mai finite. Poi venditori di mele, di tappeti, viandanti e nullafacenti. E io saluto tutti, uno per uno! Con la Fulvia dietro che mi prende in giro: «Non sei il Papa!». Ma io niente, continuo imperterrito sorridente e festoso: Federico, il Salutatore!

La natura si fa più selvaggia, gli esseri umani sempre più radi, le gole più profonde. E capisco perché la strada è così pericolosa: unica corsia, parete rocciosa da una parte, dirupo dall'altra. Mi aspettano 120 km di guida a dita incrociate: se incontriamo un camion nel punto sbagliato è un casino, vince lui sicuro! E invece va tutto una meraviglia: scenari da favola, una moschea del XIII secolo sulla riva di un fiume, un'antica kasbah sul cocuzzolo di una montagna. Nonostante i chilometri disabitati da una parte e dall'altra, sul passo c'è un bar dove troviamo un ciclista francese, di origini marocchine, che sta facendo il giro del suo paese sventolando orgoglioso una bandiera e una maglietta con la scritta *Grand tour de Maroc*. Smilzo, capelli bianchi lunghi raccolti in un codino, sguardo vispo, ci saluta mentre si butta in discesa. Lo raggiungiamo poco dopo quando si ferma per fare una foto a uno dei passaggi più arditi della strada: una mezza galleria naturale a picco sul nulla sotto la quale trovo una bella massa di fango... «Ecco, mi è andata bene con i camion e ora sta a vedere che precipito per evitare un ciclista!». Ma va tutto bene e posso salutare anche lui.

Mancano ancora oltre 200 chilometri a Tafraute, nell'Anti Atlante. Chissà quante persone riesco ancora a salutare oggi.

La giornata del Salutatore
Tata, Marocco

Dopo chilometri e chilometri tra le montagne deserte sotto una pioggia incessante, arriviamo a destinazione: l'antica *Kasbah* di Tata. Mai nome fu più appropriato quando hai bisogno di calore e coccole per toglierti l'umidità di dosso. E hanno anche il vino! Siano santificati i francesi che hanno restaurato questo posto. Dormo sotto un soffitto di foglie di palma intrecciate che perde pezzi. O animaletti? Chissà. Dormo comunque come un vero Papa! Mi sveglio di ottimo umore e convinco la mia unica discepola, la Motoperpetua (così si è ironicamente ribattezzata Fulvia per sottolineare la quantità di ore che le faccio fare in moto) a raggiungere il vecchio villaggio che si vede dal terrazzo oltre il palmeto: ci saranno sicuramente pagani da convertire! È così, il Salutatore avanti a segnare il passo e la Motoperpetua dietro a canticchiare una litania sacra, si buttano nel palmeto.

Dopo ore di cammino raggiungiamo una radura al cui centro troviamo un mucchio di cacca di asino, segno evidente di qualche rito sciamanico recente. Siamo in territorio pagano, è chiaro! Finalmente il villaggio sull'altra sponda di un enorme fiume in secca. La meta è vicina!

Motoperpetua mi fa perdere tempo a raccogliere sassolini colorati sul greto del fiume, sassi rarissimi di colori introvabili altrove. D'altronde solo questo discepolo ho, ed è meglio che mi accontenti. Saliamo intrepidi le rive opposte e appena giunti ai margini del villaggio ecco i bambini accorrere ad accogliermi: il Salutatore è arrivato! «La bes, la bes», ciao, ciao in berbero! «...e che credete, ho studiato prima di partire!». I primi tre indossano delle maschere: una tigre, un gatto e l'uomo ragno! E porgono la manina per chiedere dolcetti, «...Ohibò!, che sia Halloween?». Lo sapevo, anche questo villaggio è perduto, il consumismo è arrivato fin qua! Frugo nella borsa e distribuisco i miei doni: una mela, una biro e un pacchetto di fazzoletti di carta. E qui accade il miracolo: per la prima volta il Salutatore viene mandato a fanculo!

Un po' abbacchiato me ne torno dalla *Tata*. Che giornata! Domani andrà meglio!

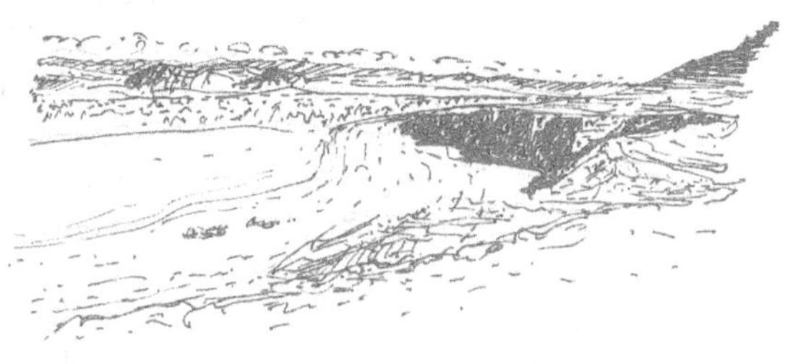

Le avventure del Salutatore
Zagora, Marocco

Lasciamo la *Kasbah* di Tata di buon mattino: ci aspettano oltre 400 km. A meno che non taglio per una pista che corre tra deserto e montagne: 120 km in mezzo al nulla. Beh, non che gli altri tratti di strada siano molto abitati, siamo vicini al confine con l'Algeria, più a sud c'è solo deserto. Caldo, paesaggi struggenti, deserto! Cioè non si incontra un'anima viva per ore! E io chi saluto? I dromedari??! Raggiunta Foum Zguid, l'unica città lungo il percorso di oggi dalla quale dovrebbe partire la citata pista scorciatoia, scopro con sollievo che la pista è stata di recente asfaltata (o la mia cartina è molto vecchia!). Andiamo sempre in mezzo al niente ma più svelti.

Dopo circa mezz'ora vedo all'orizzonte una sagoma sul bordo della strada: un essere umano! Posso finalmente salutare qualcuno! Avvicinandomi scopro di più: è un motociclista. Forse in panne?! Altro che saluto, qui c'è un anima da salvare!

Mi affianco al motociclista con turbante, *kaftan* e binocolo al collo e nel mio francese impeccabile chiedo se va tutto bene. Lui annuisce e sorride: non ha capito un accidente. Riprovo a gesti. Stessa reazione: sorride e annuisce. Indico il suo serbatoio. E lui annuisce e sorride. Ci siamo: è senza benzina! Scendo dalla moto, smonto la sella per raggiungere i tubi della benzina, li stacco, costringo Motoperpetua a ingollare tutta l'acqua della bottiglia - operazione consigliatissima a tutti quelli che viaggiano nel deserto - la riempio di benzina e la verso nel serbatoio della mia vittima che osserva perplesso. Riallaccio i tubi, rimonto la sella, ricarico Motoperpetua, accendo... ma la moto non parte. Riprovo! Si accende ma perde colpi, come se non arrivasse benzina. Scendo un'altra volta, smonto di nuovo, cerco di capire cosa ho combinato ma sembra tutto a posto.

La mia vittima invece non ha fatto un tentativo di riaccendere la sua moto, ha solo ripreso a guardarsi intorno con il binocolo. La sua espressione è passata dal sorriso gentile del mio arrivo, al perplesso quando osservava cosa stavo facendo per salvare uno che forse non voleva essere salvato, alla costernazione per il dispiacere di vedere che dopo tutto quel casino ero a piedi anch'io. Non abbiamo altra alternativa che tentare la sorte e con il motore che scoppietta a singhiozzo, proseguiamo per Zagora. La fortuna ci assiste e ci arriviamo col motore che perde sempre più colpi, la marmitta che sembra bucata e il copertone posteriore che fuma come se fosse stato sul fuoco. Zagora è la città da cui partono le spedizioni nel deserto, non è un problema trovare un meccanico che sa dove mettere le mani. Entro sera la moto è di nuovo in forma.

Da domani non saluto più nessuno.

Un cuore grande come una stufa
Imilchil, Marocco

Più ti avvicini alle Gole di Toudra, più sale la meraviglia. Le pareti di roccia rossa diventano sempre più alte, ripide, strette. Poi arrivi a un punto in cui pensi: ma qui la strada finisce! La gola è così stretta che non credi ci sia spazio per la strada di fianco al torrente. A meno che la strada non sia nel letto del torrente! Qui la meraviglia fa spazio all'angoscia. E invece dietro lo sperone di roccia che ti copre la vista, la strada prosegue dividendosi lo spazio con l'acqua che scorre impetuosa. Poi un altro sperone. E ancora una volta la sorpresa: la strada c'è ancora. La gola è così stretta, tortuosa e profonda che quasi non vedi il cielo. La strada è spesso invasa dall'acqua o coperta di fango. Sono piuttosto teso, quasi trattengo il fiato. Dopo pochi chilometri comincia ad aprirsi, riappare il cielo, vedo i raggi di sole sulla parte alta delle pareti. Respiro di nuovo.

Le gole portano a una valle d'alta quota nel cuore dell'Alto Atlante nord orientale, a 2.800 metri. Sparuti villaggi si alternano a vallate verdi intenso per la luce e per il contrasto con le brulle montagne che le circondano. Vedo contadini indaffarati ovunque e sulla strada gruppetti che accumulano il raccolto in attesa del trasporto: un asino, una bicicletta. Sono quasi tutte donne.

Imilchil è il villaggio principale della zona. Dopo la meraviglia delle gole e le immagini bucoliche delle vallate che abbiamo attraversato, l'impressione del villaggio non è delle migliori. Decidiamo di andare oltre, nei pressi di un lago a pochi chilometri dovrebbe esserci una vecchia *Kasbah* che offre vitto e alloggio. Sulle rive del primo lago vediamo una specie di albergo, ma ha l'aria di essere chiuso o abbandonato. Proseguiamo per il secondo lago: bellissimo, ma completamente disabitato. Tornando sui nostri passo penso di dare un'occhiata al primo albergo da vicino. Mi preoccupa un po' l'idea di fare altre cinque ore di strada per tornare indietro.

È tutto chiuso, ma avvicinandosi alla porta sentiamo delle voci all'interno. Ci apre la porta una donna, col fazzoletto in testa e un'età indefinibile: Malika. Motoperpetua non sembra entusiasta, ma la convinco a restare. Tornare a valle a quell'ora non è certo un'alternativa. Il posto è bello, la posizione fantastica, ma ha un che di dimesso. È una sensazione superficiale che dura poco grazie a Malika. Le attenzioni che ci riserva, la cura che ci mette, la semplicità e l'umiltà dei suoi gesti, ti scaldano e ti fanno sentire a casa. Senza che nessuno le abbia chiesto nulla, prende un tavolino e due sedie e le mette al sole. Poi arrivano il tè coi biscotti. Poi i datteri freschi. Appena il sole gira, ecco che si fa avanti per aiutarti a spostare le sedie. Vive lì sola, in compagnia di una scompigliata e allegra brigata di cani e gatti. Sono le quattro e ha già cominciato a lavorare per prepararci la cena. Un'ottima zuppa, l'inevitabile *tajine*, pane appena fatto, il dolce e frutta freschissima in abbondanza. Come una mamma di una volta, se non mangi tutto si preoccupa, non che non sia buono, ma che tu non stia bene.

La invitiamo a sedersi con noi. E ci racconta un po' di lei. Malika è originaria di queste montagne, ma suo marito e i suoi tre figli vivono in città tra Meknes e Marrakech. Lei ci ha provato ma non ce l'ha fatta: in città sta male, preferisce le sue montagne, anche se d'inverno fa meno quindici, le strade sono bloccate dalla neve e sei costretto a fare economia di tutto. «Ma a me basta poco», dice. «Quello che ho di troppo lo do ai miei figli e alle famiglie di qui che hanno più bisogno di me». Faccio un conto al volo con il numero di ospiti che ha in media ogni anno sul registro: vive con mille euro all'anno. Quello che colpisce di lei è che nonostante le difficoltà (pare abbia anche qualche serio problema di salute) sembra non preoccuparsi mai di se stessa, ma solo degli altri. Si emoziona quando riflette sul futuro dei giovani: «Non sanno come guadagnarsi la vita, pensano solo ai soldi facili, il lavoro dei campi non gli piace, vivono alle spalle dei genitori e diventano sempre più arroganti». Si commuove perché sente che non saranno mai felici. Poi si arrabbia quando racconta di una famiglia che vive lì vicino: «Non hanno niente, ma niente! E quei disgraziati continuano a fare figli! E come li vestono? Come li sfamano? Disgraziati, ignoranti. Lui ha trent'anni e lei venti, ha fatto il primo a quindici anni. L'inverno scorso li ho salvati per un pelo, stavano per morire assiderati».

La gigantesca stufa che troneggia in mezzo al salone sta cominciando a scaldare l'ambiente. «È un progetto di mio marito, spiega. Quando l'hanno vista in paese, ne volevano tutti una». Fulvia è commossa, vorrebbe aiutarla. Il posto è veramente bello, la cucina è ottima, l'accoglienza è unica. Basterebbe poco per valorizzarlo. Pensa di scatenare le *Sambere*, un impenetrabile gruppo di amiche con la samba nel sangue e nel cervello, e venire a trovare Malika per imbiancare, arredare, sistemare, decorare e alla fine ballare. Per l'inaugurazione, ovviamente.

La mattina dopo colazione spiego a Malika il progetto di Fulvia. Malika risponde: «Ma il comune non mi lascia fare niente, è di proprietà loro!». Fulvia la guarda come per dire: «Tu non conosci le *Sambere*». E si abbracciano commosse come due sorelle che non si vedevano da una vita. Le lascio sole, vado a caricare la moto.

Malika ci saluta a due braccia. Prima di sparire alla sua vista dietro la collina mi giro. È ancora là in mezzo al piazzale con la sua piccola corte di animali che saluta.

Cena a Palazzo
Fes, Marocco

Quando varchi la porta blu, fai un salto nel tempo. Così dicono tutte le guide che descrivono la medina di Fes, passi sotto l'arco blu e verde della Bab Boujloud e ti ritrovi nel Medioevo. Non sbagliano. Tra le medine che ho visitato ricordo quella di Tripoli, affascinante, autentica, deserta e dimessa. Il commercio principale all'epoca era il cambio al mercato nero. O quella di Marrakech, viva, colorata, affollata, piena di turisti e di conseguenza di venditori insistenti. E poi Tunisi, Essaouira, Tangier... Quella di Fes è diversa. Forse perché sono diversi loro, i fassi. Sono circa 150.000 gli abitanti della medina. I turisti li vedi ma è come se fossero un accessorio superfluo. Come tutte le medine è divisa in zone, le merci facili da trasportare al centro, quelle ingombranti vicino alle mura. È famosa per la qualità del suo artigianato: le concerie, il ferro battuto, il ricamo a mano. È un dedalo di vicoli in discesa e in salita così stretti che quando piove quasi l'acqua non tocca terra. Perdersi è inevitabile, Google map qui non funziona, non sente gli odori.

Mentre vago senza meta, annusando l'aria, guardandomi intorno con fare distratto e camminando lento ma deciso come se sapessi dove sto andando, mi sentivo come ignorato da loro. Un po' come a Firenze o Venezia: i turisti ci servono, ma se non li vediamo ogni metro è meglio.

Amici di Milano mi hanno messo in contatto con Ute, un'elegante donna tedesca che vive tra Parigi e Fes. Ute mi ha invitato a cena casa sua, ha fatto il cous cous. Viene a prendermi in albergo alle sei, è impossibile spiegarmi la strada. In effetti, mentre la seguo mi chiedo se riuscirò a trovare la strada per tornare indietro. La porta di casa sua è dietro un angolo in fondo a un vicolo stretto e buio. La porta è piccola e bassa. Tutto quello che vedi fuori non dice nulla di cosa nascondono queste mura. Varcata a fatica la soglia, percorro un piccolo anonimo corridoio e sbuco in una reggia. L'enorme lucernaio che illumina la sala principale è almeno a quindici metri da terra. La ricchezza degli stucchi è tale da far impallidire l'*Alhambra* di Granada. Ma quello che la rende ancora più spettacolare sono gli arredi e i dettagli. Mai vista una casa più bella.

Ute mi racconta come è andata: dieci anni fa venne a Fes per una breve vacanza. È appassionata di antiquariato e quando viaggia, cerca e compra di tutto. Come il gigantesco tavolo per i trattamenti ayurvedici che vedo in una sala laterale. O il vaso in rame largo come un baobab usato per la cerimonia del loto posto al centro di un'altra. Entrò in questa casa quando era un negozio di tappeti. «Quella volta», mi dice, «non avevo voglia di comprare nulla e rifiutavo tutte le proposte dell'affabile venditore», quando all'improvviso mi disse: «Perché non compra tutto il negozio?». Lei alza gli occhi... «Non era affatto come lo vedi adesso, ci ho messo due anni a restaurare tutti gli stucchi e gli intarsi che quei criminali avevano coperto e verniciato». Non è la prima volta che avverto la critica che gli stranieri residenti fanno ai marocchini che non apprezzano né curano il loro patrimonio culturale. Ute ha un che di aristocratico, ma scanzonato. È raffinata ed elegante senza prendersi troppo sul serio. «Non sono mai stata sposata», aggiunge. «Meglio avere tanti amanti, è più interessante».

Arrivano gli altri ospiti, altri fassi importati. Karina vive a Londra. Anni fa decise che voleva una casa in una città diversa, dove andare ogni tanto a cercare nuovi stimoli. Provò Istanbul, Roma, El Cairo... poi per caso venne a Fes. Eccola.

Carmelo è di Enna, ma vive a Berlino. Venne a Fes per studiare le tecniche che usano per conciare la pelle, pare siano le stesse che usavano mille anni fa. La prima volta si fermò sei mesi. Poi tornò. Ora torna così spesso che si è deciso a comprare casa anche lui. Organizza workshop con gli artigiani locali per aiutarli a migliorare il design dei loro prodotti. «Qui si va ancora a bottega per imparare un lavoro!», esclama estasiato.

Il cous cous è delizioso, il migliore che abbia mai mangiato. La donna che mi aiuta in casa è appassionata di cucina, ha fatto tutto lei. Ceniamo sul tetto, la temperatura è piacevole, dai vicoli circostanti salgono gli schiamazzi dei bambini che giocano in strada.

Quando torno in albergo dopocena la medina è già

addormentata. Carmelo e Karina mi puntano verso la giusta direzione. Cammino tra i vicoli silenziosi e deserti pensando ai racconti della serata e per magia, o per fortuna, trovo il mio albergo.

Incontri tra i vicoli
Fes, Marocco

Ieri Ute si è offerta di farmi da guida, o meglio di portarmi nei luoghi che a lei piacciono. Passa a prendermi alle undici, non prima! Indossa un completo kaki, una fascia bianca sui capelli, una sciarpa nera raccolta da una cintura che sembra una vecchia cartucciera e un paio di *Nike* nere. Si muove sicura tra i vicoli come una di casa, ci sono voluti alcuni anni, mi dice. Noto che tutti i commercianti la salutano per nome, lei risponde gentile e un po' scostante. Prima andiamo alle concerie, poi dai suoi rivenditori di tappeti e antichità di fiducia. Attraversiamo velocemente il quartiere dove si lavora il ferro, compriamo due babbucce, e arriviamo al mercato delle pulci. Qui ho trovato la credenza dove tengo i piatti e quella cornice in legno che uso come porta bicchieri, racconta. Ma per lo più questa è la ferramenta della medina. Torniamo nel labirinto e passiamo dal laboratorio di Carmelo in un vicolo secondario. Carmelo è impegnato con un giornalista americano che vuole scrivere un articolo su Fes. Non ha tempo per noi, salutiamo e andiamo oltre. Poco più in la il ristorante di Steven. Non è un ristorante normale: Steven è appassionato di cucina e innamorato di Fes. Ogni tanto riesce a convincere uno chef blasonato a venire a Fes per qualche settimana, lo butta nel mercato e gli dà carta bianca sul menù. Ogni mese ha un cuoco diverso, ognuno interpreta la cucina locale come vuole o inventa, basta solo che usi prodotti locali. Andiamo al mercato allora. Per ricambiare l'invito della sera prima propongo a Ute di cucinare con quel che trovo io al mercato. Karina e Carmelo ci stanno, manca solo il menù. Olive, noci, mandorle, datteri, cipolle rosse, melograno, farina, burro, menta, formaggio di capra... tutto dentro piccoli sacchetti, non ho visto un prodotto che non venga venduto sfuso, neanche il burro o la farina. Adesso abbiamo anche il menù.

Vicino al mercato c'è il *Café Clock*. Mike lavorava all'*Ivy* a Londra ma ne aveva abbastanza, voleva cambiare aria. Venne a Fes a fare un giro e si fermò per aprire il *Café Clock* sotto il vecchio orologio ad acqua. Non è un caffè qualsiasi, in quel vecchio *∂ar* (i *∂ar* sono come i riad ma senza giardino aperto al centro, il vano centrale è coperto da un lucernaio) ci ha messo di tutto: cinema, concerti, workshop di cucina, di calligrafia, lezioni di arabo, letture pubbliche. Se non sai che c'è, non lo trovi, l'ingresso è in fondo a un cunicolo buio e stretto. Mi fa piacere che il locale sia pieno di giovani marocchini più che di turisti stranieri.

Portiamo la spesa a casa. Sulla via Ute si ferma a salutare Oman, un fassi con la coppola e lo sguardo vispo. Il suo negozietto vende le solite cianfrusaglie, teiere e altri oggetti in ferro battuto. Ma non è per quello che Ute si è fermata: «Oman è il mio DJ qui a Fes». Entriamo nel piccolo negozio e sorpresa: le pareti sono piene di dischi! La sua collezione e non è in vendita. Consegna a Ute l'ultima sua creazione, mentre osservo divertito il suo impianto stereo: un lettore dvd, attaccato a un vecchio televisore e a una vecchia radio che fa da amplificatore.

Sta suonando musica soul. «Sam Cook?», azzardo... «No», scuote la testa lui, «Otis Redding». Oman ama il soul e il blues, ascolta solo quello. E sa tutto di quella musica. Mi elenca tutti i musicisti passati da Fes, non ne ha perso uno. B.B. King, Buddy Guy... la lista è lunga. Racconta di un gruppo di cui non afferro il nome: il giorno del concerto fecero le prove per strada, qui davanti! E poi più in là, citando non so quale luogo. La medina era tutta una festa quel giorno. La sera cucino per gli amici di Ute poi a letto, la giornata è stata lunga e domani ho il corso di cucina al *Café Clock*.

Abdulrazah è il cuoco che tiene i corsi di cucina. Mi presento, lui prende un foglio di carta e scrive il mio nome in arabo. Lo guarda, lo pronuncia e scoppia in una solare risata: «Bienvenu monsieur Federico!». Mi mette un grembiule addosso e andiamo al mercato a fare la spesa. Prima dal macellaio, poi dal venditore di olive, di datteri, di spezie e infine dal fruttivendolo. A ognuno vengo presentato come monsieur Federico, ma quasi nessuno mi dà molta attenzione, solo il fruttivendolo quando scopre che sono italiano indica orgoglioso una cassetta di pere: «Vengono dall'Italia, esclama!». «Perché??!», penso. «Oddio sono contaminati anche loro, pensano anche qui che quello che viene da un'altra parte sia meglio??!». Abdul tratta in arabo, poi mi spiega cosa abbiamo comprato, a cosa servirà e scoppia nella solita solare risata.

Torniamo al *Café* e troviamo Rich e Anda, una coppia di pensionati americani che si uniranno a noi. Solita procedura: si presentano, Abdul scrive i loro nomi in arabo, li pronuncia ad alta voce e se la ride di gusto. Loro sono adorabili come sanno essere certi americani di provincia. Lei scrive e fotografa tutto mentre lui cerca di non fare guai. Ora vivono su un'isola nel nord est dopo una vita spesa nel Connecticut. Li sorprende la mia conoscenza degli Stati d'America e io spiego che deriva da un libro che ho amato molto: «*Strade blu*, un viaggio sulle strade secondarie americane, scritto da un americano di origine indiana». Anda si illumina! «L'ho letto anch'io! È meraviglioso! E sai perché l'ho letto? Perché parla della città dove sono nata, una piccola città insignificante e sconosciuta, e lui è passato di lì e l'ha messa nel suo libro!». Anda è nata a Ninetysix. «Si chiama così perché era a 96 miglia dal più vicino *indian trade post*», spiega. Mi suggerisce di leggere *In viaggio con Charlie* di Steinbeck. Lo farò sicuramente.

I nostri sforzi sotto la guida allegra di Abdulrazah producono un'eccellente *harira*, la zuppa tradizionale marocchina, e una *tajine* d'agnello. Saluto i miei compagni di classe e mi fermo al *Café* a leggere. Quando decido di andarmene a iniziato a piovere, la medina è semi deserta. Ho promesso a Ute di passare a salutarla prima di partire, spero di ritrovare la strada.

Mentre cammino spedito verso la parte bassa della medina vengo continuamente fermato dai locali che mi indicano la parte opposta. Quando decido di prestare attenzione a uno di loro capisco: stanno per chiudere le porte e io sto andando dalla parte opposta, se non esco in tempo sono perduto. Li ringrazio e li rassicuro: «So dove sto andando, abito qui io». Che cialtrone! Ma in fondo dopo tre giorni di peregrinazioni non mi muovo male: ritrovo la vecchia moschea, poi più facilmente la casa di Ute. Arrivo bagnato fradicio. Ute mi offre un gin tonic e un pastrano di lana per scaldarmi. Mi racconta che la sua donna ha assaggiato gli avanzi della cena che ho preparato la sera prima. Era entusiasta, vuole la ricetta. Mi viene spontanea la risata di Abdulrazah. «Certo», rispondo. «La prossima volta il corso di cucina lo faccio con lei», penso.

Domani partirò per Chefchaouen, tra due giorni ho la nave da Tangeri per Livorno. Anche questo viaggio è quasi finito.

Il circo va alla festa
Ritorno a Essaouira, Marocco

Tornare in un posto che conosci, che ti è piaciuto, di cui conservi un caro ricordo, è bello! Se ti è piaciuto davvero lo ritrovi sempre uguale e allo stesso tempo diverso. Il riad di Tessa è un circo, o un centro di igiene mentale, dicono con affettuosa ironia gli amici. Con lei, la regina, che sorride sempre anche quando è arrabbiata, anche quando cerca di convincere Muktar, l'aiutante tuttofare, e il veterinario marocchino a operare la sua gallina perché va salvata, non è ancora pronta per la *tajine*. E con Ziad, il cavallo, che trotta allegro provando le sue scarpe nuove, ferrate di fresco. E Carletto e Pinocchio, gli asini maschi, sempre intenti a corteggiare Giulietta, Lella e Frida, le femmine che si rifugiano nell'angolo opposto del recinto mentre Grandma', l'asino anziano, vaga nel mezzo incurante di tutto, non ha più tempo per le sciocchezze. Aristotele fa sempre coppia con

Chocolate, gli unici cani ammessi in casa. Gli altri, Gipsy, Rosetta, Momi e Lekker, stanno fuori. Alla banda si è aggiunta Whiney, la sorellina di Lekker, maltrattata da una stronza che l'ha abbandonata di fronte al portone del circo. Non c'è più Topazio, il gatto sultano che troneggiava la mensola più alta della cucina. Ha mangiato del veleno per topi ed è andato nel paradiso dei gatti di sangue reale. C'è ancora Boomerang, il gatto che torna sempre. Tra gli umani del circo invece contiamo diverse nuove entrate. Declan, un attore irlandese che ha dato una svolta alla sua vita: ha smesso di lavorare, chiuso casa a Dublino ed è partito con un proiettore. Perché un proiettore? Perché no. E poi Clayton, un californiano che gira il mondo in bicicletta con una scatola con le ceneri della sua cagnetta Daisy. E Keiran e Marcela. Lui australiano di Darwin, lei brasiliana di Sao Paulo, si sono incontrati a Praga e da allora viaggiano assieme. Jolanda, l'assistente sociale olandese e Sofian, il pescatore marocchino, sono ormai membri stabili della compagni, ma con una novità: hanno aperto un ristorante assieme e da allora litigano tutti i giorni.

Il sole tramonta per l'ultima volta nel 2015. Nel riad fervono i preparativi per la festa. Kerian sta mescolando gli ingredienti per un'improbabile *quiche*, Marcela fa una torta guarnita di polpette di cioccolato. «È una ricetta brasiliana», spiega, mentre il fidanzato osserva che non aveva mai fatto niente di simile per lui. Arriva Declan brandendo un piccolo squalo, il suo contributo alla festa. «Chi mi aiuta a pulirlo?». Tutti si girano verso Sofian che disgustato rifiuta: «Quel pesce non è buono!». Declan non demorde e convince me e Jolanda ad aiutarlo. Passano pochi minuti e riappare Sofian che, stavolta disgustato da quello che stavamo facendo, prende in mano la situazione. Arriva anche Clayton con la sua inseparabile bicicletta e la chitarra sulle spalle: era stato in paese per un colloquio di lavoro ma il suo contatto non si è presentato, dice senza darci troppo peso. Adesso ci siamo tutti, possiamo andare alla festa da Ashley e Eric. Si sono incontrati in Sud America mentre lei viaggiava dall'Alaska alla Patagonia in bicicletta e lui faceva documentari sull'Amazzonia. Per il loro viaggio di nozze sono andati in Cina dove hanno vagato in cammello per sei mesi lungo il confine con il Kazakistan, dormendo in tenda e svegliati regolarmente dalla polizia cinese preoccupata per la sicurezza nazionale, mi racconta Tessa come per rassicurarmi: da loro ci sentiremo come a casa! Il circo si mette in moto, sono le nove di sera.

Dopo pochi chilometri c'è un posto di blocco. Il poliziotto chiede dove siamo diretti e io rispondo: «Alla festa!». «Avanti, avanti allora. Siete in ritardo! Buon anno! Bonne année!».

MAROCCO
Epilogo

Il giorno che la Medina diventò Pamplona.
Medina di Fes, Marocco

Anni fa arrivarono a Fes una coppia di francesi con la voglia di cambiar vita, il piano di comprare una vecchia casa nella Medina, restaurarla e farne una maison d'hotes. Ma non erano tipi che si accontentano facilmente. Scelto il Dar da restaurare, impiegheranno sette anni per finire i lavori, rifare gli stucchi, ricostruire i pavimenti. Uno dei problemi da gestire era il trasporto dei materiali da costruzione in entrata e gli scarti in uscita. Nella Medina non circolano altri che persone e asini, e gli asini sono quelli che trasportano i pesi. Dopo i primi mesi di lavoro, si accorsero che il costo del noleggio degli asini da trasporto sarebbe lievitato alle stelle se continuavano così. Quindi? Compriamo gli asini che ci servono!

Vanno al mercato addetto al commercio del quadrupede da trasporto e negoziano l'acquisto. Quando il venditore si rende conto che gli asini che avevano scelto avrebbero vissuto e lavorato nella Medina grida: no, non potete scegliere due

197

femmine, nella medina non si può! La donna un po' interdetta risponde: e perché? Perché nella medina lavorano solo asini maschi, da 800 anni! Lo spirito femminista della donna francese s'incendia: pourquoi??? Voglio due femmine, voi retrogradi maschilisti! Il venditore si arrende a tale veemenza e cede le due 'ragazze' all'impavida imprenditrice europea.

Cosa succede al primo trasporto di materiale di scarto attraverso i vicoli dell'antica Medina? Dopo appena 100 metri i ragazzi, gli asini maschi, sentono odore di figa! Cioè sentono una roba che non avevano mai sentito prima! Mai! Nella vita! Nessuno di loro! Da 800 anni! Entrano nella Medina da piccoli e addio bagordi! Fino a quel giorno...

Il primo a sentirne l'odore dà di matto e cominciò a ragliare e scalciare come un indemoniato. L'epidemia si diffonde rapidamente: le ragazze fanno altri cento metri e la Medina va in subbuglio. Tutti gli asini ragliavano all'impazzata, scalciavano e correvano da tutte le parti abbattendo bancarelle pericolanti e calpestando le merci al suolo. La Medina sembrava un gigantesco flipper ragliante. Appena gli abitanti si rendono conto di chi aveva scatenato quel pandemonio, parte la rivolta. I due francesi vengono assaliti dalla violenza degli insulti della popolazione locale e costretti a battere in ritirata. Oltre a cambiare gli asini, dovettero anche pagare una bella multa e i danni provocati dall'orgia asinina.

Da quel giorno gli asini della Medina sono più malinconici. I più anziani raccontano ancora di quella volta che sentirono odore di figa. Anche se non hanno mai capito cos'era.

AZZORRE

In bicicletta

5 isole, 568 chilometri, 9.893 metri di dislivello, 18 bottiglie di vinho do Pico, 7 chili di lapas grelhada, 3 libri. Grazie a tutti i giardinieri e agli addetti alla manutenzione delle strade che hanno ricambiato i miei saluti.

La banda del lombrico.
Ponta Delgada, São Miguel

Primo giorno sull'isola. Colazione in un ostello, una vecchia casa del centro di Ponta Delgada, il capoluogo delle Azzorre. Per coincidenza astrale, il giorno seguente a cena mi troverò seduto di fronte alla nipote degli ultimi proprietari di quella vecchia casa: «erano i miei nonni, andavo spesso a trovarli», mi racconta. «Adesso ci sono letti dappertutto! Nella vecchia cucina, nel soggiorno dove giocavo da piccola. Però hanno tenuto bene il giardino sul retro. È più bello di come lo ricordo». La facciata dell'ostello dà su una strada stretta, la porta è piccola. Nulla lascia immaginare i giardino che nasconde. Nel giardino si fa colazione, tutti assieme, sotto una tettoia di legno. Piano piano la tavola si riempie, i nuovi si siedono timidi, i clienti 'abituali' attaccano discorso con i nuovi arrivati... solite domande: da dove vieni, dove vai, un fiorino. Dal fondo del giardino appare una ragazza, capelli ricci, scalza. Scende la passerella traballante che collega il giardino al terrazzo della colazione e viene a sedersi di fianco a me. «Chi sei tu?» ...faccio io per primo fingendomi un cliente 'abituale'. Carolina non è un ospite dell'ostello, lei lavora li. «E di cosa ti occupi?» «Costruisco il forno!» «... ah!?».

Dunque: Carolina disegna e produce gioielli, che vende come e dove riesce. Ma è anche un esperta di forni. Cioè, forni fatti come si facevano una volta... una volta quando? Difficile dirlo, lei parla portoghese delle Azzorre, io spagnolo di Buenos Aires... non ho capito un granché. In pillole è un forno costruito con materiali e tecniche naturali. Tradotto: pietra, argilla, paglia... quando è finito faranno la pizza! Mi presenta il resto della squadra (quando ha convinto il proprietario dell'ostello a fare il forno di una volta in giardino, si è poi resa conto che le serviva aiuto): Crystal dal Missouri, Diego da Santiago del Cile e Juan da Barcelona.

A Crystal piace molto il suono di una parola portoghese di cui non sa il significato: minhoca. Lombrico! Carolina vorrebbe farne un lavoro stabile: costruire cose con quella tecnica antica. Diego attacca la musica, Juan tace. Tutto mentre impastano paglia e argilla. Quando d'un tratto Carolina esulta! «Ho l'idea: e se andassimo in giro per il mondo noi quattro con un van a costruire forni e case di argilla e paglia?» Entusiasmo generale! La banda è formata. Manca solo il nome! Suggerisco: Minhoca? Crystal sorride. Et voila: la banda del lombrico è pronta a partire.

Gof, il signore dei cerchioni.
Ponta Delgada, São Miguel

Erano anni che sentivo parlare di lui. Gof ha lasciato
Bologna tanti anni fa per girare il mondo. In bicicletta. Ho
sentito tanti racconti sui suoi viaggi, quasi leggende: l'Alaska,
il Sudan, la Patagonia... sono venuto alle Azzorre quasi solo
per incrociarlo. Mi aspetta davanti al mio ostello e andiamo a
cena al bar all'angolo. Nessun turista, fumano, non si capisce
chi è con chi, tutti parlano con tutti. Gof ha la pelle scura,
cotta dal sole, come un marinaio, ha la sua fedele bicicletta
sempre vicino a lui, indossa una maglietta da ciclista con la
scritta Handlebar, Cape Town. Si lamenta che ormai è troppo
lisa per continuare «Domani la mando in Italia, non voglio
buttarla, ci sono affezionato» «Perché?» «Ci ho fatto l'Africa,
un viaggio speciale» «Ah si, ho sentito che eri in Sudan
prima» «Macché, sono arrivato fino al Sudan, ma non ci sono

mica entrato» «Ma da dove sei partito?» «Da Cape Town perché?» Ovvio! La maglietta se no... «E dormivi in tenda?» «Ma no! In Africa no! Cioè in Namibia si, poi no» Ah ecco.! «Ma saranno 10.000 chilometri?» «Macché, almeno 12.000!»

A questo punto mi rendo conto che siamo due ciclisti a un tavolo che parlano delle stesse cose ma usando unità di misura diverse. Lui parla di un viaggio di 12.000 chilometri come io di uno di 120. Tolti i numeri, parliamo delle stesse cose. «Mai avuto problemi?» «Si, al cambio. E non riuscivo a risolverlo, ho dovuto fare una deviazione di 200 km per andare a Nairobi, non riuscivano a ripararmelo.» Regola confermata: per me una deviazione sono 2 km!

Certi viaggi provocano sensazioni talmente intime che non riesci a descriverle compiutamente. Quindi finisci a parlare di cose pratiche: paure, dogane, piccoli incidenti. «In Africa mica ci andavo se non era per quel francese che ho incontrato in Russia: vai vai, non è pericolosa come dici! Cazzo, l'Africa è il mio sogno, appena arrivo a Vladivostok vado in Africa!» «Quindi hai fatto anche la Russia?» «Si, ma poco, a Ulan Bator mi hanno dato il visto solo per un mese. Perciò mi sono accontentato di andare fino al lago Baykal e poi a Vladivostok» Non fate il calcolo, non lo fate! «Non è mai facile passare il confine in certi paesi eh?» «Ma no, mai avuto problemi. A parte in Cina, non ti fanno entrare in bicicletta - questa è bella, in Cina non si entra in bicicletta!? - o meglio, non ti fanno entrare dal Kazakistan e dalla Birmania ma dal Laos si.» Ovviamente lui li aveva fatti tutti.

E poi da Panama a Anchorage, gli Stati Uniti da Est a Ovest, da Ovest a Est, la Patagonia, l'Antartide... no, quella no, ma ci ha provato. A Ushuaia si presentò al comandante di una barca diretta in Antartide e chiese «Posso venire con voi?» E il comandante: «Ma sei vestito da ciclista!?» Cioè: laggiù fa freddo, che credi?! E Gof allargò le braccia in segno di resa. In realtà non se la sentiva di abbandonare la sua bicicletta e quella non la volevano proprio.

Una carrellata infinita e confusa di viaggi affascinanti raccontati con una passione sincera e coinvolgente. Emozioni talmente ricche che faceva fatica a metterle in ordine cronologico «Ma in Cina sei andato prima o dopo la Russia?» «Non ricordo, dovrei pensarci.» Non serve Gof, cosa è più importante di quando. Comunque domani va in Irlanda. Farà il giro dell'isola... in effetti è un isola, come l'Australia. Sono 3.000 chilometri e conta di farli in un mese e mezzo!!

Gof ha un lato debole: ha paura di cadere. Ma non di farsi male, di cadere in modo da sbattere il naso e perdere l'olfatto «Perché *a me al pies magner, te capì?* - dice sfoggiando il suo accento bolognese - Senza olfatto è la fine.» Ha fatto tutta l'Olanda in ansia, aveva un raggio piegato nel cerchione davanti, temeva cedesse all'improvviso e addio odori e sapori! Poi trovò un meccanico che lo aggiustò «Non ha voluto niente! ...niente! Che gente gli Olandesi!» ...e il naso fu salvo anche quella volta.

«Ma non ti manca nulla dopo tutti questi anni?» «Mi manca leggere! Sai devo viaggiare molto leggero... a volte compro libri e strappo le pagine man mano che le leggo» «Ma no! Fai come Terzani! Quando lo hai finito lo mandi a casa!» ...l'idea gli è piaciuta. Mi ha chiesto suggerimenti su libri da leggere. Ha preso nota ma poi «ma dove li trovo?» «Beh, Amazon adesso consegna con i droni, se scoprono che esisti, ti mandano quello che vuoi ovunque ti trovi e ne fanno una campagna pubblicitaria.» Mi guardava come se lo stessi prendendo in giro.

Domani lui spedisce la sua preziosa maglia in Italia e io affronto la prima tappa del mio giro: 50 km, 1.300 metri di dislivello. Gof salutandomi mi dice «Alla tua età facevo 170/200 chilometri al giorno! Una volta ne feci più di 600 senza fermarmi.» Ve l'ho detto, facciamo la stessa cosa, ma contiamo il modo diverso.

Di tutta la serata mi è rimasta impressa una frase «Voglio andare ovunque e tornarci più spesso che posso, perché il bello non è scoprire il mondo, ma tornare nei posti che ti sono piaciuti di più». Gof, il signore dei cerchioni.

P.S. Alla domanda in quali paesi non era mai stato, ha risposto sicuro come uno che non toglie lo sguardo dal bersaglio: Vietnam, Indonesia, Malesia, Sudan, Bolivia e quei staterelli a nord ovest del Sud America. Il viaggio di chi ha parlato con maggiore emozione è stato l'Iran. Lo capivo dalle pause: «Bellissimi posti... bellissime città... bellissima gente...», sospirando tra una frase e l'altra.

Nota: nel disegno la fedele bici di Gof di fronte a un bar che non si sa quando apre. Ma lui tornerà apposta per questo.

Mercanti di una volta.
Furnas, São Miguel

Un giorno, verso la fine del 1700, un mercante americano di Boston basato alle Azzorre, da dove esportava arance nel suo paese, decise di fare una gita verso le montagne orientali dell'isola di Sao Miguel, in quella valle da cui sale il fumo di un vecchio vulcano. Arrivato sul posto, s'innamorò di una pozza di acqua fangosa e ribollente di fianco al torrente e decise di costruirci una casa. Una casa americana, classica del Massachusetts. Non solo, fece portare anche gli alberi del suo paese.

La casa sorgeva su un promontorio vicino alla pozza che venne trasformata in vasca usando la pietra vulcanica locale. Finita la casa arrivarono le piante. Un pomeriggio, seduto sulla panchina sul bordo della vasca termale sul lato opposto alla casa, il vecchio mercante non si sentiva soddisfatto dell'opera, gli sembrava troppo americana. Fece allora venire dei giardinieri dal Portogallo e li incaricò di trasformare il parco in qualcosa di unico, esotico, tropicale. Insomma meno americano. Con tutti i traffici che passavano all'epoca dalle Azzorre non era difficile recuperare le piante più disparate, dal Giappone, Sud America, Africa. Il giardino cominciava a prendere forma, quando purtroppo il vecchio mercante perse la vita per un malore a causa di un bagno troppo prolungato nella sua amata vasca.

Fortunatamente, una famiglia di facoltosi proprietari terrieri locali rilevò la proprietà e continuò l'opera del mercante con rinnovata passione. Di padre in figlio, allargarono la proprietà, importarono nuove piante, assunsero i migliori giardinieri del paese. E così via fino ad oggi. In fondo è un caso che una pianta sia nata in un continente o in un altro. Il mercante e i suoi seguaci hanno solo cercato di porre rimedio a questo errore della natura per dimostrare che possono tutte convivere beatamente anche se vengono da mondi lontani. Beatamente attorno a una pozza d'acqua calda.

Beh, non so se sia andata davvero così, ma non avevo voglia di leggere la guida e passeggiando nel parco ho inventato tutto. O quasi.

Avó (nonna) Eduarda.
Remedios, São Miguel

Stavo percorrendo a piedi la strada per raggiungere Remedios, dove forse avrei trovato un ristorante per la cena, quando noto una curiosa costruzione sul bordo della strada opposto alle abitazioni. Una specie di fermata dell'autobus artigianale in legno rosa. ipotesi non plausibile perché la fermata dell'autobus ufficiale è pochi metri più in là. Mentre contemplo l'opera cercando di darle uno scopo, appare alle mie spalle una pimpante donnetta con i capelli ricci e lo sguardo vispo. «Boa tarde», faccio io, «Boa tarde» lei. Sono in trappola!

Comincia una delle conversazioni più vivaci, sconclusionate e pirotecniche della mia vita. Una volta caduto nella sua rete, la donnetta mi fa accomodare nel suo soggiorno... esatto, soggiorno! Eduarda - conoscere il suo nome è stata l'impresa più semplice - ha costruito questa piccola baracca dipinta di rosa sul lato opposto all'ingresso di casa per accogliere gli ospiti. Questo è lo spazio pubblico dove ci si incontra per parlare con tutti. Di la è la casa della famiglia, lo spazio privato.

Eduarda è un torrente in piena. Dalle poche parole che riesco a comprendere intuisco che stiamo parlando di Canada, figli, nipoti, spazio pubblico, privato, matrimonio, perché non sono sposato, le donne sono un complicate, ecc ecc. Il suo portoghese è più strascicato del portoghese stesso e poi si mangiava le parole, o almeno sembrava. Ogni frase era piena di entusiasmo e accompagnata da espressioni vive, intense. Poi si fermava e diceva: «capisci?». E io inevitabilmente scuotevo la testa: «no!». Non importa: risata e nuovo argomento!

A un certo punto esce un ragazzo da casa: «meu menino», il suo bimbo. Ruben si unisce a noi nel 'soggiorno'. Eduarda é entusiasta: «lui parla inglese, ci aiuterà nella traduzione (quella l'ho capita!)». «Sono - e comincia a contare sulle dita - um dois tres quatro... noves anos che studia inglese». Siamo a posto! Macché Ruben é autistico! Le sue traduzioni non sono molto più chiare dei proclami di sua madre, ma faccio squadra con lui: quando parla Eduarda dico «no capisco», poi traduce Ruben ed esclamo «ahora si!».

Ruben contento, Eduarda contenta, Federico confuso e contento.

Non ho mai parlato così a lungo senza capire cosa stavo dicendo e soprattutto ascoltando. Ma é stato bello. Eduarda vuole mandare Ruben a fare il giro dell'isola con me così perde peso e smette di perdere tempo al computer. Dai Ruben, facciamole vedere cosa sai fare!

L'imbuto al contrario.
Bretanha, São Miguel

Tanti anni fa un caro amico mi disse: il tuo problema é semplice, hai solo impugnato l'imbuto al contrario. Secondo Mario la vita pone delle scelte, se no non si va da nessuna parte. Ovvero, la quantità e varietà delle scelte é rappresentata dalla parte larga dell'imbuto e le scelte che effettivamente uno fa nella vita, da quella stretta. La città in cui vuoi vivere, il lavoro che vuoi fare, la donna con cui vuoi vivere, eccetera, eccetera… Ecco pare che quel giorno, per distrazione o magica congiunzione astrale, l'imbuto l'ho impugnato al contrario e ci ho guardato dentro dal buco piccolo. Cioè: le scelte che offre la vita sono molto meno di quelle che uno può fare. Figo eh? Puoi scegliere di fare cose che non esistono o gli altri non vedono! Whoa! Mario aveva un po' ragione, se non stringi il campo è possibili che non arrivi mai da nessuna parte. Ma cole tempo, incontrando i miei simili, quelli con l'imbuto al contrario, ho elaborato la sua teoria.

Sto per affrontare la costa ovest dell'isola di São Miguel. Il tratto è troppo lungo per farlo in una tappa e pare non ci siano alberghi lungo il tragitto. Aribnb propone una stimolante camera con vista oceano (disegno) giusto a metà del percorso. Tombola!

Kati, la padrona di casa, si è trasferita a Bretanha, costa nord ovest di São Miguel, per vaghi motivi del tipo non stavamo bene là, ora siamo quà, lei e la figlia. Arrivato nei paraggi della indirizzo di Kati, studio le case cercando la camera con vista. Mi fermo davanti a una che sembra proprio quella... quando sento una voce infantile «who are you?». Nella veranda di casa, in mezzo a una miriade di oggetti, bambole e pupazzi, una bimba mi osserva da dentro un enorme scatolone «You must be Kati's daughter then?» «Yeah, but who the hell are you?». Kati esce appena in tempo per fermare un conflitto nucleare tra due attaccabrighe, uno grande e permaloso, l'altra piccola e impertinente. Tregua.

Cambio tattica e tento un approccio amichevole. Mia, la figlia di Kati, mi accoglie nel suo regno, la veranda. E mi introduce al suo mondo: pupazzi di pezza (coniglio, mucca, giraffa), pupazzi di pezza inventati (drago, polipo, non si sa, non saprei, ...), gatti (i nomi variano di continuo, Kati prova senza successo da mesi a spiegarle che se cambia nomi ogni giorno non capiranno mai!). E vabbè! Direi io alla sua età. Finite le presentazioni, Mia torna nel suo mondo.

Preso possesso della mia finestra, mi lavo, mi cambio e vado alla ricerca di un posto in cui cenare. Quando torno, Kati è in cucina, Mia nel suo regno. La cucina è sempre il luogo ideale per le migliori conversazioni. Kati è estone, si è trasferita a Bretanha a gennaio, aveva bisogno di cambiare vita. Perché? Non mi sono sentito di chiederlo. Scopro però che ha vissuto in Egitto, in Marocco, in Irlanda, a Londra. I mesi sull'isola l'hanno provata, ma è sicura di un fatto: «in Estonia non riesce a starci!». Ma neanche ad allontanarsi troppo: «l'inverno in Estonia è troppo bello, ho bisogno di quel freddo sano!». A settembre andrà in Asia col suo fidanzato che vive a Londra. Hanno investito in qualche casa alle Azzorre e vorrebbero fare la stessa cosa in Asia. Estate quà, inverno là, un passaggio in Estonia a vedere la neve e abbiamo la pace dei sensi e dell'anima.

Mi colpisce quando parla di sua figlia, delle domande che si fa sulla sua educazione. Crede che l'immaginazione sia un'abilità importante, ma anche che è l'ultima cosa che la scuola ti insegna «Mia figlia dovrebbe imparare quello che le piace davvero, non quello che le dicono gli altri». Le descrivo le mie impressioni all'arrivo, quando mi ha accolto nel suo regno e mi ha presentato tutti i suoi 'amici' «Lei è capace di passare intere ore nel suo mondo e se oso avvicinarmi mi guarda con fastidio: perché mi disturbi, non vedi che sto parlando con la giraffa?».

Non sono certo in grado di dire qual'è il modo migliore di crescere i bambini. Sono solo sicuro del valore dell'immaginazione, anche se ti porta a impugnare l'imbuto dalla parte sbagliata. Però, non sono più sicuro che l'imbuto sia l'immagine giusta. Ci sono quelli che scappano perché non sanno dove stare, e quelli che si guardano attorno, perché sentono che il mondo è sempre più grande di quello che hanno conosciuto fino a quel punto. Si forse ha ragione Mario, guardo la vita da lato sbagliato dell'imbuto, ma non mi ci butto del tutto. Ho come un elastico attaccato al culo che mi riporta a casa ogni volta. Il bungee jumping nell'imbuto rovesciato, roba da Red Bull.

In una vignetta di non ricordo quale racconto, Corto Maltese sta per salpare. Un amico gli chiede: «Corto, ma te ne vai di nuovo?» «Si!» «Ma perché?» «La vedi quella linea (l'orizzonte)? Quando la guardo non riesco a resistere dal chiedermi cosa c'è oltre. E soprattutto al desiderio di andare a vederlo. Ma poi, quando sono la, mi manca la sicurezza del porto, il calore degli amici. E non vedo l'ora di tornare.».

La luna, il maestro di filosofia e il comunista malinconico.
Ponta Delagada, São Miguel

Ritorno all'ostello da cui sono partito. Stasera danno una festa in giardino, il forno è finito. Ma non si può ancora usare, servirà un'altra festa. La banda del lombrico c'è tutta, hanno già un'altro progetto in vista.

Si siede di fianco a me Fernando, di Porto. Ma vive sull'isola da tanti anni. Prima era a Faial, poi Graciosa, poi Terceira. Parla un ottimo Italiano, ha fatto l'Erasmus a Salonicco e divideva la camera con un italiano che non parlava altro che italiano. Quindi è toccato a lui trovare una lingua comune. Fernando insegna filosofia e psicologia nelle scuole superiori. Vaneggiamo un po' sull'importanza delle materie umanistiche bistrattate dai programmi scolastici, sulla tecnologia che ci rende sordi, su Sir Ken Robinson. In mezz'ora mettiamo un po' d'ordine nel mondo. Poi arriva Petar e rovina tutto.

Petar è croato. Anche lui vive qui da tanto, il suo portoghese sembra impeccabile. Anche lui parla italiano, è di Pula. Quando è nato Tito era ancora vivo, la Jugoslavia era ancora unita. In casa le discussioni erano accese tra la mamma, pro indipendenza, e il papà, pro unità. Gli chiedo se per lui la Jugoslavia ha un significato, un'identità. O si sente Croato e basta, e i Serbi, Bosniaci e Sloveni per lui sono estranei come i Cinesi «Sai anche l'Italia ha una storia strana: la chiamavano Italia secoli prima che lo diventasse perché aveva un identità più forte dei singoli staterelli che la componevano». Per lui la Jugoslavia ha un valore «Si certo sono Croato, ma anche slavo». Mi dice sconsolato che hanno manomesso e in alcuni tratti cancellato pezzi della storia del paese. Se l'esperienza è ciò che ti permette di vedere gli errori prima di farli, cos'altro è l'esperienza di una società, di un popolo se non la propria storia. La miopia della politica di oggi è sconfortante. Mi viene in mente la sorpresa di Michael Moore nel suo ultimo documentario quando scopre l'attenzione che la scuola tedesca dedica alle pagine più nere della loro storia, cosa che in America si guardano bene dal fare. Ferdinando sveglia, ci tocca di rifare tutto!

È uscita la luna. Bella piena, illumina il giardino. «Appena si abbassa sull'orizzonte, carico una scala su una barca e la raggiungo. Appoggio la scala e ci salgo sopra a guardare la terra e i suoi popoli dallo spazio (cit. Calvino, Le cosmicomiche). Chi viene con me?».

Il cowboy fuori posto.
Verso Pico

In viaggio sul battello che collega São Miguel a Pico, l'isola del grande vulcano in mezzo all'oceano, sono seduto per terra, sul ponte a poppa, immerso nella lettura. Divoro le pagine una dietro l'altra come mi capita di rado, di solito mi distraggo di continuo. Ma è il corpo che vuole una tregua, devo cambiare posizione alla svelta se voglio mantenere l'articolazione delle ginocchia e la circolazione del sangue nel sedere. Alzo lo sguardo dal libro verso il sole che nel frattempo si è abbassato sulla prua e me lo trovo davanti, come uno spirito apparso da un'altra dimensione: un cowboy!

Dritto, immobile, solenne come un capo indiano. Stivali tipici, jeans neri, cintura con fibbia XXXL e camicia simil flanella. Lo sguardo dritto, assente o perso in un suo mondo. È un sogno, una visione, ho perso il senno, ho letto troppo, ma chi sei???

Ecco le ipotesi elaborate contemplando il fantasma con gli stivali e la fibbia:

1. È un emigrato delle Azzorre che torna a casa per la prima volta dopo una vita passata nel Texas ad accudire sterminate mandrie di mucche. È nato qui, ma i suoi genitori sono partiti per gli Stati Uniti quando aveva pochi anni. Il suo sguardo non è assente, è commosso e confuso. Ha lasciato gli Stati Uniti per sempre per tornare alla sua terra, ma si sente un estraneo.

2. È un matto, ma di quelli sani, tipo Forrest Gump. È cresciuto nella fattoria dei genitori, allevatori sugli altipiani di Pico. Quando comprarono il loro primo televisore, il primo programma che vide era un film western. Da allora si veste da cowboy, da più dignità al suo lavoro.

3. È un pensionato Texano incazzato nero con la sua agenzia viaggi che ha sbagliato a prenotargli il viaggio. Lui voleva andare in Arizona, è finito alle Azzorre.

4. É un abitante delle Azzorre, non si è mai mosso di qui. Ma aveva un fratello gemello che è emigrato a cercare fortuna negli Stati Uniti. Erano molto legati. Nell'ultima lettera che gli ha mandato c'era una sua foto, vestito da cowboy. Da allora si veste così, per ricordarlo.

5. È un attore, ha partecipato al festival del film western in Almeria e non ha fatto in tempo a cambiarsi tornando a casa per festeggiare la notte di San Lorenzo. A lui piace sparare alle stelle cadenti.

Le mie farneticazioni vengono interrotte da una coppia di musicisti che, sfoderati i sassofoni dalle loro custodie, si buttano in una jam session: sembrava musica da un allegro funerale messicano. Si allegro ci sta, perché immagino che alla fine della processione la bara si apre all'improvviso e il morto fa: scherzetto! Ora tutti a mangiare, bere e ballare. Olè!

Il cowboy fuori posto è ancora li, non ha mosso un muscolo.

Succede solo da Peter.
Horta, Faial

Horta è una tappa obbligata per chi attraversa l'atlantico dalle Americhe verso l'Europa. È il primo porto protetto, si trova nel canale che divide l'isola di Faial da quella di Pico con il suo sontuoso vulcano. Sul porto c'è un bar, meta di tutti i velisti che passano di qua. Si chiama Peter Cafè, gestito dalla stessa famiglia da tre generazioni. Ma nessuno di loro si chiamava Peter. Sono i marinai che lo chiamano cosi. Il primo fu il comandante di un incrociatore inglese fermo in rada per riparazioni durante la seconda guerra. Il figlio del primo proprietario gli ricordava suo figlio Peter. E fu così che divenne Peter per tutti, un'istituzione per tutti i marinai di passaggio. Allora decise di cambiare nome al bar in Peter Café e inevitabilmente il gestore di turno diventa Peter per tutti. Anche oggi.

L'interno è dominato da un'enorme mappa del mondo appesa al muro di sinistra. Sulla mappa sono tracciate la rotte seguite da Genuino Madruga, l'eroe locale che fece il giro del mondo in solitaria diverse volte. Il resto delle pareti è ricoperto dalle bandiere lasciate dai vari vascelli. Mi siedo nel tavolo all'angolo, lontano dalla porta, spalle al muro, come farebbe un bounty killer in un saloon di frontiera.

Mi raggiungono Eva e Mirko, due biologi marini amici di Fernando, il professore di filosofia incontrato qualche giorno prima. E via ai primi gin&tonic, la specialità della casa (distillano loro il gin). Eva e Mirko vivono qui da dieci anni e non hanno nessuna voglia di tornare in Italia. Mare, o meglio, oceano e qualità della vita. Da qui possono studiare la vita marina a qualsiasi profondità, da pochi metri agli abissi inesplorati. Mi spiegano che si conosce ancora molto poco della vita marina oltre i tremila metri. Sono una coppia da vent'anni, si dedicano con passione al loro lavoro e vivono di fronte al mare, all'oceano. Ma sono precari. Ecco che la precarietà diventa un dettaglio burocratico senza troppa importanza.

Ordinare pesce con due biologi marini a tavola è un esperienza. Di ogni pesce ti raccontano abitudini, alimentazione, habitat, rotte migratorie, nemici, amici... non riescono a mangiare i pesci che studiano, confessa Eva, la scelta dal menù va per esclusione. Mirko, oltre che della vita del mare, è appassionato di ultra cose. Ultra corse, ultra nuotate. Ha attraversato São Jorge di corsa: 75 chilometri. Ha fatto un corso per imparare la tecnica di nuoto per le grandi traversate: ha tentato di raggiungere Pico a nuoto più volte ma ha sempre fallito. La volta che ci è arrivato più vicino si è arreso a 200 metri dalla riva: ci aveva impiegato troppo tempo, l'alta marea aveva cominciato a rifluire, la corrente contraria era troppo forte. Ma non molla, ci riproverà. Lo ascoltavo affascinato e terrorizzato: amo nuotare, ma attraversare un tratto di mare lungo 8 chilometri tra due isole nell'oceano con le correnti e le maree e il fondale che scende a 1.200 metri... mi vedevo entrare in acqua con quelle roba davanti!? ...mi arrendo, fai tu! Ma la parte peggiore dell'impresa non sono le correnti, il mare aperto, le navi, gli squali... sono le caravelle!!! ...prego?? Fanno la traversata con la muta, non per il freddo, per le caravelle! Le caravelle sono una sorta di medusa, con una specie di membrana che esce dall'acqua e funge da vela e con dei tentacoli finissimi, invisibili nell'acqua, lunghi 20 metri! Ci finisci in mezzo senza accorgetene e sono talmente urticanti che lasciano segni sulla pelle come frustate. Se non hai la muta muori, se ce l'hai, ti prendono in faccia e nelle mani. Ma basta anche quello, ti ricoverano all'ospedale comunque. Poco prima Mirko mi aveva raccontato del suo primo e unico incontro in acqua con una balena. Stava nuotando alla ricerca di un boa che avevano depositato giorni prima per rilevare alcuni dati. Ma non la trovava. Si era buttato in acqua e girava in tondo sperando di vederla... quando scorge un ombra sul fondo, grande come una barca. Si gira e si trova di fronte una balena di 10 metri. Si guardano esterrefatti, poi lei si volta e placida si allontana. Per loro sia le terrificanti ustioni di una caravella che i brevi istanti faccia a faccia con una maestosa balena, sono la stessa cosa: la meravigliosa vita marina.

Comincia il bello: si siede con noi Erminio. Molti navigatori, attraversate le tempeste dell'atlantico, arrivano alle Azzorre provati. Alcuni si fermano in po', si riposano e poi ripartono verso l'Europa. Altri si fermano un po', poi un altro po', e un'altro po'... Erminio era uno di quelli.

Ha passato una parte della sua vita a inseguire un sogno: filmava documentari. Poi la catena si rompe e parte: giro del mondo a vela. Sulla via del ritorno fa tappa a Horta, da Peter. Il suo equipaggio riparte, lui no. Negli anni ha fatto di tutto. Ha comprato un terreno pensando a un investimento immobiliare poi ha scoperto che non era edificabile. Poco male, ha comprato delle mucche e ha imparato ad allevarle. Poi ha comprato un'altro pezzo di terra per crescere piante endemiche, tipiche di queste parti. Un giorno si rende conto che manca un cinema a Horta. Nessun problema: rispolvera le sue vecchie conoscenze e trasforma il teatro locale in un cinema, cioè proiettano film in pellicola! Altroché! Erminio vive qui da quasi trent'anni. Per un verso sembra arrivato ieri, per l'altro, sembra nato qui. Ti racconta qualcosa guardandoti dritto negli occhi, poi appena finisce di parlare, distoglie lo sguardo come se dovesse andare da qualche parte. Ma rimane li. Fa sempre così, dice Eva. Sembra che debba scappare da un momento all'altro ma poi si ferma a parlare con te per ore. La sua vita è qui ma è come se non fosse mai arrivato del tutto. Pensa che vive ancora in barca. Da quando è sbarcato trent'anni fa.

La serata scorre piena di vita, sotto l'enorme mappa con le rotte del Genuino. Manca giusto lui a dire la sua. Mi dicono che lo si può incontrare a Porto Pim. Domani vado a cercarlo.

La vita nel mare.
Porto Pim, Faial

Gli abitanti del luogo si trovano al bar di Porto Pim, di fianco al ristorante del Genuino, il navigatore solitario. È un bar senza pretese: il banco, qualche tavolo dentro, qualche sedia fuori, la strada e il muro che lo protegge dal mare d'inverno, quello incazzato. Quando le onde sbattono forte, trema tutto. Sull'altro lato della baia, le rovine dell'ultima fabbrica per la lavorazione della carne di balena e la residenza estiva dei Dobney, una dinastia americana di consoli che ha fatto molto per la gente di qui. Non c'è nient'altro.

Mirko osserva ammirato il suo amico Pedru che si allena in mare, un'altro ultra atleta. La sua nuotata è lenta, elegante, potente ed efficace. Il mare è calmo, il sole al tramonto. Mirko mi spiega che i nuotatori da grandi distanze usano una tecnica diversa rispetto a quelli in piscina «devono andare lontano facendo meno fatica possibile». Si chiama total immersion e Pedru è il migliore di tutti loro.

La baia è chiusa, raccolta, il fondale basso. Ma è sempre oceano. Anch'io prima di raggiungere il bar avevo attraversato la baia a nuoto, ma senza godermela, pensavo, mentre guardavo Pedru con un pizzico d'invidia. È che è l'oceano! Con le caravelle, le balene, gli squali, i delfini, i calamari giganti!!! Mi confermano che esistono davvero solo che è difficile studiarli perché vivono a oltre 3000 metri di profondità. Appunto! A quanto scende il fondale a poche miglia dalla costa delle Azzorre? 8000? Ecco! Ucciso da un calamaro gigante mentre nuota nella baia di Porto Pim. È stupido, lo so. Ma la stessa baia nel Mediterraneo è diversa: non è oceano, è tutto più basso e più piccolo. Eva, intanto, si è sporta sul muro e fissa l'acqua sottostante: a volte le razze arrivano fin qui sotto.

Oggi abbiamo fatto un bel pranzo domenicale, da Italiani. Io ho inventato un sugo di pesce per la pasta con un boca negra. Mirko ha preparato un goraz che ha pescato Eva durante l'ultima crociera (i biologi chiamano cosi le loro spedizioni scientifiche in mare... protesto! Ma poi rifletto: la crociera è piacere! Il loro lavoro è una gioia! Allora crociera va bene, sono gli altri che devono cambiare nome!). Si unisce al pranzo Aurora, una regista di documentari. Il suo ultimo lavoro è sulle montagne sottomarine portoghesi. Pare siano migliaia. All'improvviso mi rendo conto di un grande equivoco: tutti noi diciamo di amare il mare! Ma senza avere idea di cosa sia. È come se dicessimo mi piace tizio o caio solo vedendolo di schiena, al buio o toccandogli un mignolo. Avevo già avuto quel sospetto attraversando il mare in barca a diverse latitudini. Ma quando parli con chi lo studia e te lo racconta la cosa cambia.

La sotto c'è una vita pazzesca! Che noi contempliamo da fuori. Come se uno andasse a teatro, si commuove, applaude, ma non gli aprono il sipario. È tutto dietro, nascosto. O in questo caso, sotto, al buio. Degli innumerevoli racconti che ho avidamente ascoltato, prima a pranzo, poi all'aperitivo a Porto Pim, ricordo soprattutto quelli sui diversi modi in cui si accoppiano le specie marine. I mammiferi fanno come noialtri: si eccitano e penetrano. Solo che sono grandi come balene. Poi ci sono i maschi generosi: la femmina non fa altro che donare le uova al maschio. Gliele passa con una specie di pene, lui le accoglie in una sacca, le feconda, le accudisce e 'partorisce'. Questi sono i cavallucci marini. Altri pesci fanno una cosa simile, ma il maschio raccoglie le uova che la femmina semina nell'acqua con la bocca. Poi ci sono quelli che fanno il nido, quelli che fregano il nido agli altri, quelli che accudiscono nidi abbandonati. In tutti i casi li crescono come figli loro, anche se non lo sono. Oppure quelle conchiglie che non possono muoversi, stanno attaccate alla roccia! E quindi? «Hanno un pene meraviglioso», esclama entusiasta Eva «fino a nove volte la dimensione del loro corpo! Serve per raggiungere le femmine più vicine». Ma i più belli sono quelli che lo fanno ballando. Si cercano e si studiano sul fondo. E quando sentono che è quello giusto, partono! Nuotano fianco a fianco sempre più veloci, poi cominciano a salire verso la superficie incrociandosi vorticosamente, a spirale, come tango forsennato. Raggiungono simultaneamente l'orgasmo all'apice della colonna d'acqua in cui hanno nuotato: lei libera le uova, lui lo sperma. E come dei fuochi d'artificio silenziosi, nuove vite nascono scontrandosi a caso nella colonna d'acqua scelta dai loro genitori nel vasto oceano. E noi siamo ancora qui, al bar di Porto Pim, a contemplare questa meravigliosa e lucente distesa d'acqua, mentre là sotto succede di tutto. Forse ci stiamo perdendo una festa?

AZZORRE
Epilogo

La memoria.
Casa do Pasto, Lisbona

A cosa serve capire da dove veniamo, perché parliamo così, mangiamo così. A cosa serve l'identità, avere un riferimento, un faro, un ancora. Allo stesso tempo, perché serve mettere la propria memoria, la propria esperienza, le proprie tradizioni, in discussione? Beh, perché c'è qualcuno che da un'altra parte del mondo ha vissuto in un contesto diverso, coltivato tradizioni diverse e ha una visione diversa delle cose. Il bello è che quando ti capita di incontrarlo, quello che vede il mondo in modo diverso, ti sembra proprio diverso. Poi scavi, scavi e scopri che in fondo siamo tutti uguali. Abbiamo tutti bisogno di un passato rassicurante e di un futuro... rassicurante! Buffo: vogliamo una cosa diversa, migliore, ma che sia uguale. Il futuro è rassicurante solo se lo affronti con fiducia in te stesso, nessun altro ti darà una mano a trovare certezze in un mondo incerto! Amen! Namaste! Inshallah!

A cena a Porto Formoso la sera prima di lasciare le
Azzorre, Magda mi raccontava del suo sogno, del progetto di
restaurare la casa dei nonni, quella dove è cresciuta. Dove
tutta la famiglia è cresciuta. Dove inizia e dove finisce la
famiglia? I suoi racconti mi ricordano la vita delle cascine
della pianura padana. Dove inizia e dove finisce la famiglia?
Dove finisce la famiglia e inizia la comunità?

Adesso si prende cura della vecchia zia, quella col
carattere difficile che non vuole nessuno. D'istinto, quando
uno usa l'espressione "carattere difficile", penso: questo ha
qualcosa di interessante da dire. Infatti. Zia Natalia,
benestante, racconta delle donne che venivano in città da Sete
Cidades per offrire il servizio di lavanderia: loro potevano
lavare la biancheria nell'acqua dolce del lago! Sete Cidades è
a 25 chilometri da Ponta Delgada, 450 metri di dislivello. Con
la biancheria in spalla. A piedi! Andata e ritorno!! Racconta
che le donne di Pico, l'isola del vulcano più alto, salivano a
prendere il ghiaccio a tremila metri per poter conservare e
vendere il pesce che i loro uomini pescavano al largo (qui si
pesca dai 200 metri in giù!).

Ho passato un pomeriggio nel vecchio porto di Capelas,
nella costa nord di São Miguel. Da qui partivano i pescatori
(o cacciatori?) di balene nei secoli scorsi. Hanno smesso di
cacciarle dopo l'ultima guerra mondiale, ma il porto è ancora
com'era allora, com'è sempre stato. Non riesco a immaginare
cosa voglia dire entrare in mare da quel piccolo molo quando
il mare è agitato. Non il mare, l'oceano! Immagino... cioè no,
non riesco... ma ci provo. Immagino uomini sulle montagne
intenti a scrutare il mare a occhio nudo; immagino
rudimentali metodi per segnalare le balene e la loro posizione
alla comunità; immagino l'allarme, la chiamata in mare, le

sottili barche che prendono il mare. A remi! Poi la lotta con una bestia grande tre volte la barca. Spesso morivano per sopravvivere. Se andava tutto per il suo verso, trascinavano l'animale a riva e, non so come, lo portavano a terra. Ripeto: il porto è come era allora, compresa la strada d'accesso, una vera *creuza de mä*, mulattiera di mare. Una caccia di successo dava da vivere a tante famiglie. Adesso l'immagine di una baleniera è una grossa nave con un cannone a prua e una multinazionale alle spalle. Un po' diverso da una lancia di legno, un uomo in equilibrio sulla prua con un arpione a mano e una comunità alle spalle che dipende dalla sua abilità.

Per andare avanti, come persona o come insieme di persone, devi capire a che punto del tuo sviluppo sei arrivato. Se no fai solo finta di progredire. La memoria serve a quello. Credo.

Penso all'immigrazione. Siamo un popolo di emigranti che fanno fatica a capire gli immigrati (con tutte le eccezioni che volete). Penso ai pregi della tecnologia, ma anche a quanto ci allontana dalla vita vera. Penso alla fatica, come l'ingrediente fondamentale delle migliori soddisfazioni. Non è un sermone. Sono solo le domande che mi frullano in testa a cui faccio fatica a trovare risposte chiare. Ma forse va bene cosi: è più importante continuare a farsi domande intelligenti che trovare risposte stupide. E siccome in questo bar nessuno mi ascolta, l'ho scritto.

Pedalare fa bene al cervello. Chissà.

ALTRI RACCONTI

Chicago, Cortina d'Ampezzo,
Parigi, New York, Riale

A volte basta anche una serata in famiglia, una gita con gli amici, una serata a teatro, un bar fuori dal solito per fare un viaggio. Basta solo sapersi guardare attorno. Ti arricchisce, è banale. Ma mai quanto la soddisfazione di far nascere negli altri la voglia di guardare il mondo con curiosità. Soprattutto se sono bambini.

Un Natale di frontiera
Chicago, Illinois

Il ristorante comincia ad animarsi verso le sei. Fratello e sorella vengono reclutati come hostess. Il compito è semplice: accogliere gli ospiti, accompagnarli al tavolo e porgere il menù. Fanno a gara, anche se non si capisce bene come calcolino i punti. Comincia Filippo che porta subito cinque persone al tavolo sbagliato, mentre Giovanna ipnotizza una stronza in pelliccia che fa finta di non capire il suo inglese.

Io sono in cucina, mi danno un grembiule rosso, l'unico. Sembro un segnale di pericolo, un carico sporgente. La mamma dà ordini a spizzichi e bocconi, solo i suoi fedelissimi riescono a capirla. Inseguendola tra la cucina e la sala passo da un mondo all'altro. Da una parte il delirio organizzato: «Speedy Gonzales, la cucaracha, besame mucho, dos tagliolini muy rapido!», ordina Adriano, il capo della linea. Musica a palla e ritmo frenetico, ma nessuno parla. Sembra una festa di paese di sordomuti.

Dall'altra: «Gingle bell, soft soft, cin cin, welcome sir, Merry Christmas madam…», qui tutti parlano e pretendono, è il regno di Giampaolo. Qui ci vuole calma, presenza e tanta, tanta pazienza. La mamma e Giampaolo sono una coppia 24/7 da trent'anni. L'unica cosa che li divide è quella porta basculante: da una parte la festa dei sordomuti, dall'altra la fiera degli psicotici.

Torno in cucina. Mi arriva la voce che i clienti vogliono sapere cosa mangerà la 'famiglia'. Sento che i cuochi anziani si lamentano di Jorge il *runner* che tuba con Juanita la guardarobiera. Jorge cerca sempre di farsi assegnare alla sala del primo piano, così quando passa col carrello si strusciano e si sorridono. La mamma fa finta di sgridare Jorge, ma tra le righe li benedice: hanno vent'anni anni! «Fa bene il tuo lavoro e strusciatevi dopo!».

Arriva Bob, un cliente abituale. L'unico autorizzato a portarsi il vino da casa. Apre lo zainetto termico e estrae un Bondi Santi, Tignanello, Ornellaia, Sassicaia… Discute con Giampaolo l'ordine di apertura delle bottiglie. «Buon Natale Bob!».

La serata passa senza incidenti. I camerieri caricano gli ultimi clienti ubriachi sui taxi e si comincia a chiudere. Rimango a bere l'ultimo bicchiere con Sam, un simpatico palestinese appassionato alla causa del suo paese, Janine, un ex marine, e Dave, il barista croato, uno che ne ha viste parecchie, o almeno le ha sentite raccontare. Tra un bicchiere e l'altro ribaltiamo e salviamo il mondo, o almeno così mi sembra... non ricordo bene. Al terzo bicchiere di vodka sento che è arrivato il momento: non voglio essere caricato di peso su un taxi! Saluti, abbracci e promesse. Esco e prendo la via di casa. Nevica.

Gioele è grande, viva Gioele
Malga Misurina, Veneto

Dieci anni fa, una coppia di cari amici mi ha portato a cena in una maestosa malga arrampicata su un versante del monte Cristallo. Verso la fine della cena è apparso al nostro tavolo un bimbetto vivace, aveva circa dieci anni. Ci guardava con gli occhi che ridono, come fanno i bimbi quando conoscono un segreto pazzesco, o hanno visto una cosa fantastica che non riescono a tenere per loro. Con quell'espressione ci aveva detto: «Volete venire a vedere la stalla?».

Dal tono della sua voce si capiva che la stalla per lui era il posto più bello del mondo. Vecchia e a forma circolare era aperta al centro come un piccolo Colosseo in cui i gladiatori sono placide mucche che vagano attorno alla casetta che c'è al centro: «Lì affumichiamo il formaggio», ci aveva spiegato il bimbetto.

Gioele sapeva tutto della stalla, delle mucche, dei maiali, dei cavalli, delle galline e di come proteggerle dalle volpi. Della mungitura, del fieno, della segatura, dei vari attrezzi... Le sue descrizioni erano così appassionate e tenere che capivi che aveva ragione: quella stalla era bellissima.

Ieri sera siamo tornati nella stessa malga, dieci anni dopo. Prima di entrare siamo andati a curiosare nella stalla. In fondo all'ala sinistra, dove stanno le mucche, intravediamo due sagome nella luce fioca delle lampade. Un po' impacciati accenniamo un timido richiamo: «Gioele?». Uno dei due si muove verso di noi e si avvicina sorridente. È alto un metro e novanta, ha un forcone in mano, i *dreads* e indossa una vecchia giacca da maestro di sci. Sembra un Caronte rasta. Ascolta tra il divertito e l'incredulo il nostro concitato racconto di dieci anni prima. Continua a sorridere imbarazzato dal nostro entusiasmo: lui non si ricordava. Timidamente si scusa dicendo che deve tornare dal vaccaro che sta mungendo. Noi andiamo a cena.

Polenta, salsicce, funghi, canederli, zuppe, casunziei... immagini della *Grande abbuffata* si alternano a visioni più apocalittiche, quando riappare Gioele con una fila di grappe e si siede con noi. Si scrolla di dosso la timidezza e ci racconta che ha frequentato tutte le scuole che gli hanno chiesto di fare fino alla quarta superiore quando ha detto: «Basta!, studiare sta roba non mi serve! A me piace stare in montagna, curare gli animali nella stalla, mungerli e fare il formaggio». E così ha fatto. La sua espressione è quella di dieci anni fa, la stessa gioia per il suo mondo incantato a forma di Colosseo di legno, pieno di animali.

Anche la stalla è la stessa, a parte la musica. Quella allora non c'era: ora le mucche ascoltano Bob Marley.

Un italiano suona al Grand REX
Parigi, Francia

Il *REX* non è un teatro normale, è una nave spaziale, un transatlantico che vola, è come *Cinecittà* ai tempi di Fellini: un posto magico.

Varchi la soglia e perdi il senso del tempo. Un castello a destra con i cipressi e le palme, uno a sinistra con i balconi e le torri. Ti siedi sulle vecchie sedie laccate di rosso con le borchie dorate e ti senti il pilota di un tappeto volante. Guardi l'enorme arco rosso incandescente che incornicia il palcoscenico e ti senti un nano caduto dentro un juke-box americano degli anni '50, di quelli che sembravano disegnati dalla Cadillac.

Il teatro è pieno. Entra l'orchestra: impeccabile, tutti in smoking. Entra lui, cammina piano. Con cautela si avvicina al piano mentre guarda la folla come se si chiedesse «Ma cosa fate qui così tanti?» Il pubblico è già in piedi che applaude, di quegli applausi che di solito senti alla fine, non all'inizio. Ma lui e i francesi si conoscono da tanto.

Senza dire una parola, si siede al piano «certi capivano il jazz...» il *REX* si scuote e decolla «...l'argenteria spariva, ladri di stelle e di jazz...» sapete al *REX* ci sono davvero le stelle sul soffitto! La banda suona composta, perfetta. E il *REX* vola «...io sono venuto a suonare, sono venuto ad amare e di nascosto a ballare...», in un soffio il *REX* è arrivato a San Telmo, facciamo un *paso doble*, una *sacada* e via, «... fan di me un orango che si muove con la grazia di chi non è convinto che la rumba sia soltanto un allegria del tango...», il *REX* sfreccia sontuoso dal Serengeti al Malecon.

Il teatro si scalda «...via via, vieni via di qua...», il ritmo vola a New Orleans, «...niente più ti lega a questi luoghi, neanche questi fiori azzurri...», la batteria incalza «...via entra fatti un bagno caldo, c'è un accappatoio azzurro, fuori piove un mondo freddo...», il *REX* si appoggia su una collina in Scozia e sospira «...it's wonderful!»

Il clarinetto esce dalle file e suona la carica «...diavolo rosso dimentica la strada...», le chitarre impazziscono mentre il *REX* ripreso fiato si infila a tutta velocità tra le valli di sabbia del grande Ergh orientale facendo un polverone che lo vedono dallo spazio, «...guarda le notti più alte, di questo nord ovest bardato di stelle...» parte il sax e il *REX* si impenna «...e le piste di carri gelate, come gli sguardi dei francesi...» che stavolta non s'incazzano «...un valzer di vento e di paglia...», le chitarre non mollano, i fiati aumentano il ritmo, parte un trenino nella hall dell'*American Colony* a Gerusalemme «...diavolo rosso dimentica la strada, vieni qui a bere un aranciata...», la fisarmonica sale al comando, il *REX* plana sul Bosforo e imbocca il Danubio «...contro luce il tempo se ne va...».

Il *REX* è sfinito «Max era Max...» ma continua «...più tranquillo che mai...», si sente solo il piano «...la sua lucidità...» e la sua voce. È stata una bella corsa 'sotto le stelle del jazz'. Il *REX* si ferma, fa una piroetta e atterra «... ma quanta notte è passata...», atterra lì dove è sempre stato. O almeno così credono quelli che non sono mai andati a sentire Lui suonare la dentro. Il pubblico si alza. Applausi.

Lui è Paolo, un Conte italiano. Il più grande pilota che il *REX* abbia mai avuto.

L'ultimo Grog Shop
New York, New York

Grog Shop. Pare si chiamassero così i bar nel 1850 a New York, un po' negozio di liquori, un po' bordello. All'inizio vendevano solo grog, una miscela di birra e rhum, poi hanno cominciato a mischiare di tutto. C'erano anche i cocktail bar, ma quelli erano solo nei grandi alberghi.

Il *Dead Rabbit* è a sud di Manhattan, nelle case più vecchie. La porta d'ingresso è stretta seguita subito dalla ripida scala che porta al piano di sopra come quella di una normale abitazione dell'epoca. L'uomo all'entrata prende nota dei nomi dei clienti e li avvisa sul tempo di attesa per salire: «Un'ora», è la risposta consueta, non vogliono ressa nel locale. Solo i clienti determinati aspettano, gli altri finiscono irrimediabilmente per perdersi nei bar dei paraggi. Arriva il nostro turno, ci accompagnano ai nostri posti al bancone.

Il menù dei cocktail è un libro vero e proprio. Si apre con una mappa dei grog shop nel 1850 attorno a Five Points (ricordate *Gangs of New York*? Quello era Five Points). I cocktail sono divisi per stagione e per metodo di preparazione, *mixing glass* o shaker. I nomi vanno da *Saint John the Baptist*, a *Moby Dick* a *Fighting Irish*... sono tutte ricette della casa, non c'è un solo cocktail noto. I barman hanno tutti le bretelle e attendono composti che tu abbia finito di studiare il 'libro sacro'.

Solo i whiskey e i rhum sono nelle loro bottiglie, sulle mensole alle spalle dei barman. Una parata di etichette una più belle dell'altra. Gli altri 'ingredienti' sono in boccette tutte uguali, disposte su tre file ordinate tra te e il tuo grog master. Sembra quasi un laboratorio chimico d'epoca.

Ogni cocktail viene servito in un bicchiere diverso: il primo arriva in una tazzina da caffè in ceramica decorata, molto vittoriano; il secondo in un calice da liquore dal vetro opaco; il terzo in una classica coppa; il quarto in un *tumbler* con un enorme cubo di ghiaccio scolpito a mano; il quinto... non ricordo; il sesto in una tazza col manico e il parabaffi, un piccolo arco di ceramica all'interno della tazza sul bordo inferiore.

La testa girava, ormai il mento aveva raggiunto il bancone, vedevo le boccette davanti a me come la *skyline* di un piccolo mondo incantato. È ora di andare a casa... non devo pestare le righe.

Teatri stranieri
Chicago, Illinois

Sapevo che nei teatri celebri esiste la platea, i palchi di primo, secondo e terz'ordine, la galleria e il loggione. Ho chiesto il biglietto più economico e mi hanno messo sui coppi, il livello sopra il loggione. Per fortuna non piove stasera, la musica sale fin quassù senza che nessuno la disturbi.

Il maestro Muti ha da poco festeggiato il duecentocinquantesimo concerto alla guida della Sinfonica di Chicago. Stasera suonano il *Messiah* di Hendel con un coro imponente: settanta voci. Alla fine della seconda parte arriva l'*Hallelujah*... da pelle d'oca.

Alla fine dell'esecuzione il pubblico si alza, unito, composto, assorto. Il *Messiah* di Hendel è l'unica opera musicale che viene eseguita regolarmente, ogni anno, almeno una volta, in qualche parte del mondo, da quando venne eseguita la prima volta: a Dublino alla fine del 1700.

La musica, certa musica, è sublime. Dai coppi della Sinfonica di Chicago ancora di più.

Al *Cultural Film Center* di Chicago c'è una cosa che non si vede più nelle sale cinematografiche: il sipario. Quando è ora di cominciare, si abbassano le luci, si apre il sipario e partono i titoli di testa. Ti dicono: «Stai per vedere un capolavoro, vieni con noi oltre questa grande tenda scura che ti separa dal mondo delle meraviglie».

In inglese il cinema si chiama anche *movie theatre*, il teatro dei film. Certi film meritano un teatro, il tempio della settima arte. Oggi ho visto un documentario su Janis Joplin, alla fine il pubblico ha applaudito. Sipario.

Ti riprendi dal tuo viaggio sulla tua poltrona, ti alzi frastornato e ti chiedi dove sei. Non dovrebbero accendere le luci così in fretta, serve più tempo per scendere dal tappeto volante.

Le avventure di ranocchio
Riale, Bologna

Anni fa una cara amica, la più brava maestra del mondo, ebbe un'idea per rendere l'apprendimento della scrittura e della lettura più divertente per i suoi ragazzi della prima elementare. Prese spunto dalla storia di uno scrittore olandese, Max Velthuijs, e dal suo personaggio principale Ranocchio. Anziché spiegare ai bambini l'alfabeto e la grammatica, raccontava di Ranocchio che andava a lezione dal suo saggio amico Lepre. I bambini si appassionarono alle vicende di Ranocchio e ai suoi sforzi per imparare a leggere e a scrivere e, quasi senza accorgersene, imparavano anche loro. Ranocchio cresceva, scriveva e leggeva sempre meglio.

Diventava più indipendente e cominciava a viaggiare per il mondo. Erano ovviamente tutti pretesti per stimolare i bambini a migliorarsi o insegnargli qualcosa di nuovo.

Fu a quel punto che mi chiese di diventare suo complice. Il mio compito era mandare cartoline ai ragazzi dai luoghi che visitavo durante i miei viaggi firmandole Ranocchio: India, Azzorre, Marocco, Compostela, Groenlandia, Islanda, Norvegia... durante la traversata del mare del nord approfittai della presenza nell'equipaggio di due norvegesi per scrivere una cartolina dalle Far Oer. Raccontai loro la storia durante una cena a Torshavn e tutti entusiasti e un po' brilli scrivemmo una cartolinate in norvegese!

Ranocchio negli anni è diventato un vero compagno di classe, un amico, anche se lontano. La maestra recupera un ranocchio di pezza che viene vestito alla meglio con una specie di pannolone. La pancia del pupazzo si apre con una cerniera, la useranno come cassetta delle lettere. Li arrivano le cartoline di Ranocchio. Ogni mattina controllano la posta in arrivo, è il momento più eccitante della giornata.

Un giorno la maestra diede loro un compito speciale: oggi ognuno di voi scriverà una lettera a Ranocchio. Io mi commuovo con poco. Erano una più bella, tenera, affettuosa dell'altra. Un bambino si preoccupava che non mi succedesse niente, che non mi mettessi nei guai perché era passato un po' troppo tempo dall'ultima cartolina.

Il tempo passa e i ragazzi arrivano alla 5a elementare, tra pochi giorni finisce la scuola e l'anno prossimo andranno alle Scuole Medie: non ci sarà più la maestra, ci saranno i professori.

Raffaella, la maestra più brava del mondo, prende il coraggio a quattro mani e scrive ai bambini per confessargli che Ranocchio passerà a salutarli prima della fine dell'anno. Teme di rompere un incantesimo. E così sono andato a trovarli «bambini, attenzione! Ecco a voi Ranocchio!»

Entro in classe terrorizzato di deluderli... mi fissavano tutti senza fiatare, alcuni con la bocca aperta. Raffaella prova a stimolarli ma erano ancora timidi e incerti. Poi il ghiaccio si è rotto e mi hanno tempestato di domande, selve di braccia si alzavano in continuazione. C'era Alessandro che faceva le domande *quantitative*: quanti chilometri, quante lingue, quanti metri di altitudine. Ma l'altitudine si misura dalla superficie del mare? E con le maree come la mettiamo? ...ah, sposta! È ufficiale: l'altezza dell'Everest cambia con la luna! Vi adoro! Poi Giovanni che faceva domande in continuazione. Lisa che ci ha messo un po' a fare la sua. Filippo che faceva a gara con Giovanni. E poi Amanda, Adam, Sofia... vorrei ricordarli tutti mannaggia! Abbiamo letto assieme alcuni racconti, abbiamo parlato di cosa significa viaggiare, abbiamo mangiato assieme alla mensa e mi hanno portato a vedere l'orto. Ero uno di loro.

Prima della fine della scuola, la maestra affida loro l'ultimo compito: scrivete la vostra ultima lettera a Ranocchio e raccontategli cosa avete imparato da lui. Ecco, il colpo di grazia... lacrime a volontà. Non ho mai provato una gioia più profonda. Tra le tante, mi hanno detto anche che sorrido come il pupazzo.

Molti invecchiando rimpiangono la gioventù. A me dispiace solo non poter tornare bambino per fare l'alunno della maestra più brava del mondo, Raffaella.

Grazie

Youcanprint
Finito di stampare nel mese di gennaio 2019